老實服務

從實驗教育到司法改革，
在不同「地方」看見不同「創生」，
捍衛「真義信仰」的價值！

作者／陳儀君
撰文／陳翠蘭

導讀推薦

臺灣，你還好嗎？

野菜學校創辦人　陳木城

八月二日深夜，裴洛西「颱風」來臺北的晚上，全世界的人在這之前都在關心「裴洛西晚上在哪裡登陸、睡覺的事情」。確定當天晚上花落臺北後，這下子，有人高興得沸騰了，有人生氣得跳腳了，有人憂喜參半，於是每天眾聲喧譁的八點檔政論節目，就更熱鬧了。

臺灣人最大的幸福就是：看連續劇是看戲，看新聞節目，也被政論名嘴演成時代大戲，天天都有內幕真相，場場段段都是關鍵時刻。平常有事沒事就是好戲連連，何況今天晚上真的好像有事。

隔天，住在加拿大的姐姐就來電問我：臺灣的你們還好嗎？再隔天，一早醒來，裴洛西走了，住在紐澤西的 James 在 Line 留言問候：臺灣，都還好嗎？晚上，北京的朋友透過微信祝福：希望臺灣，平安無事。八月五日，依照原定班機飛往瑞典探望女兒的翠姐，也留言：行程未變，我是每年到歐洲去避暑，此行真怕有人說我是去避難！而我，也依據既定進程，要在這一天閱讀《老實服務》全書後，動筆撰寫這篇小文，敢問一句：臺灣，你還好嗎？

接受生命中的美好與醜惡

大家知道，臺灣歷來地震多、颱風也多，天災不少、人禍也不少；歷史上，荷蘭來過，西班牙人來過，法國人來過，日本人來過，美國人在二次戰爭末期，還對臺灣發動七千七百架次飛機狂轟猛炸……然後究竟安什麼心？你問我：臺灣，你還好嗎？

這不是好不好的問題，也不是怕不怕的問題，也不是生氣不生氣的問題，更不是愛不愛國，或是你要愛哪一個國的問題，而是尼采說的：「我們應當接受生命的一切，其中也包括生命中負面與痛苦的部分。」

由於地理人文環境冶煉薰陶，生活在臺灣的人內心都很強大，強大到可以面對一切天翻地變，而完全不需要挑起悲傷、憤怒、慚愧、悲慘、憎恨等等負面情緒，也無須運用甜檸檬心理假裝很勇敢，假裝無所畏懼，拍著胸脯說一些空話虛話。那其實是一種弱勢者的防衛行為。我們沒有逃避，因為內心強大，因為我們的身心靈都足以承受這種複雜的感覺，以及命運中無法迴避也是無可或缺的滋味。

若有人追根究底真心想問：臺灣，你還好嗎？答案是有的，當讀完《老實服務》這本書，問題的答案全在書中了。如果我們島上絕大多數人都可以理解並服膺，書中所傳達的初心與信仰——追尋真正的正義與意義，那麼外在的風雨霜雪，簌簌紛紛，當你視野開闊，思深行遠，答案自然就 Blowing in the wind，春風吹拂，我們都歡喜明白！

都只因為臺灣太美好

如前所述，我正讀完儀君的《老實服務》，她在書中記述了八位臺灣平凡人的奇蹟故事：或是銳意革新實驗教育工作者鄭同僚教授，或是社會運動工作者楊儒門、陳望達、許崇修團長，或是法律工作者林達檢察官，從政的精神科醫生諶立中司長，或是推動參與式預算的兩位地方民意代表洪佳君議員和陳薇仲議員。他們生長在臺灣，知道臺灣的好，也知道臺灣的不足，幾經生命的轉折起伏，到最後都感悟到「哪有時間天天抱怨，抱怨並不能帶來任何改變。」他們在自己的專業上、在自己關懷的議題上有深入的凝視，發現到其中的問題關鍵，於是個個都捲起袖子，老老實實地幹起來了！

臺灣的好就是：你要做什麼，合法的都可以；不合法的，也可以說服這個社會完成修法立法；如果這個社會不聽，也可以挺險犯法，到處去放置炸彈引起媒體效應，取得發言權，凸顯你對這個社會國家提出的問題。只要你的初心是利益眾生，而不是為了個人權位利祿的一己之私，這個社會會聲援你，要求政府應該特赦你；即使你在獄中，也沒能阻止你和社會展開對話。楊儒門在臺灣進入WTO的時代，為了農民站出來用炸彈大聲疾呼，後來他服法入獄，但是當整個社會明瞭了他的訴求及用心後，都出自內心地感激他。

經過這些年，出獄後楊儒門開創了小農市集，用友善農耕、梯田復育，以農業生產為地方創生做出貢獻。楊儒門漸漸發現，生長在臺灣其實是幸福的，即使人在監獄，每一天都很忙，忙著接見很多來探望的陌生作家、教授和民眾，反而擴大了跟社會的溝通。

儀君說的《老實服務》就是「戇戇仔做」，她的意思是說：老老實實面對現實、面對生活，享受它的美好，若是發現社會上的問題，制度不好趕快修好，道路不平趕快補平；有人敢言，有人敢做，每一個人都敢於夢想，每個人都想 try to do something new，因為臺灣人值得過更好的日子。

風雨中，我們寧靜奮進

疫情繼續著，還看不到隧道口的光；俄烏戰爭繼續著，雙方都還找不到下來的階梯；物價飛漲通貨膨脹繼續著，一塊炸雞排上看一百元了，連愛吃雞排的孩子都很有感；海峽中線上，兩岸的飛機在空中推擠著，戰爭好像會感染蔓延，凌空的飛彈四處竄飛，政治上的紛紛擾擾仍然繼續……

我想 cue 一下祈立峰教授的著作《亂世生存遊戲》，因為祈教授的母親焦主任是我好夥伴，也是新店人。祈教授似乎想把六朝滄桑殘暴的亂世，比做此時此刻的當代，想教大家亂世中參考一下六朝的貴族世家，如何寄情於山水詩酒，或如何明哲保身觀望風向，或是怎麼委蛇官場苟且偷生，或是耍廢擺爛荒誕不經，以為如此便可以做回他自己。我倒是覺得這個比喻不當，當時的世襲貴族都是一群官二代富二代，改朝換代頻仍、朝不保夕，世代滄桑生命漂泊，或因對政局絕望或因逃避現實，終而選擇自我墮落放浪形骸。

現代的臺灣人成長學習的環境不一樣，心理素質也不一樣，一千七百年前六朝士人的羸弱浮豔，至少不是現在的主流；即便是如此，寒門出孝子、亂世出英雄，東晉時期仍舊出了陶侃和祖逖。豪氣干雲的人每個時代都有，只是臺灣人沒有那麼張揚，臺灣人知道自己的時代自己來定義，生命有許多可能，我們都懂得選擇健康的方式生活，那就是寧靜沉著，老老實實地面向生活。

（本文作者：陳木城，人稱「無敵校長」，現為文學、教育和農業生態工作者，野菜學校、手機學校創辦人。）

作者序

為什麼我要說「老實服務」

陳儀君

從政以來，我經常陷入思考，什麼是「公民」？是滿十八歲的國民就自動歸類為「公民」嗎？還是每四年願意出來蓋個章、投個票的，就算符合「公民」的標準？因為「公民」是我服務的對象，是和我一起建設地方的夥伴，更是協助我達成志業的重要推手。為了記錄這個思考，我在二〇一九年出版了第一本書，《公民自習簿》。

這麼多年下來，我得出一個或許不那麼為普世價值所接受的定義：只要是祝願期待這個社會、這個國家、這個地球能夠更好的人，便可以稱為「公民」；只不過，這個定義總感覺缺少了些行動的方向與執行力。直到我看見聯合國提出的「永續發展目標」（SDGs，Sustainable Development Goals），令我格外振奮，因為 SDGs 恰恰好補足了我對「公民」定義的缺口；有期盼世界更好的出發心，又能以有效方向的行動來落實初心。兩者結合，幾乎可以說是「公民」最清晰的定義。剩下的，就是我們該怎麼去實踐的課題了。

也要老實唸佛，也要老實服務

講「永續發展」，似乎讓人感覺高調了些，有的人甚至感覺煩膩。但若是大家願意認真面對，二〇二一年八月聯合國政府間氣候變遷專門委員會（IPCC）的報告指出，現今大氣中二氧化碳已達兩百萬年以來的最高濃度，所以我們不斷見識世界各地不時暴衝出熱死人的極端高溫；更有專家預估，到了二〇六〇年，臺灣的冬季恐將從此消失；這樣我們還能堅持，所謂的「永續發展」，不過是頂高冷的「大帽子」嗎？

是呀，乍一看，若果真要按照 SDGs 所訂定的十七項目標（Goals）、一百六十九項細項目標（Targets）、兩百三十個參考指標，作為行動的最高指導原則，對我們一般汲汲營營的微小個人，或許太過複雜艱難了。不過我們也別忘記，如同《禮記．中庸》所說的，「行遠必自邇，登高必自卑」，縱然面對再遠再大的目標，其實都必須從自己的心志、身體、家庭、社區，如漣漪般一圈一圈向外建築能力、跨越障礙，進而征服挑戰。心態，才是最關鍵的出發。

其實早在對此有所認識之前，我和周遭的朋友，早已經把淨空法師常說的「老實唸佛」，悄悄改成了「老實服務」。我們私心裡相信，這將會是個人在工作或在生活上最好的修持功課。所以我們也變得像淨空法師般，經常把「老實服務」掛在嘴邊，一方面作為自我惕勵的符碼，一方面也作為彼此加油打氣的暗語。

老實的人總是「戇戇仔做」

第一次聽到「老實服務」，是出自心口司司長諶立中大師兄之口。我想，大師兄之所以會將形而上的「老實唸佛」，轉個向度扭轉到形而下的「老實服務」，必定是因為他體察到，不論是政治場、職場、各種名利場，甚至只要是人集聚的組織或團體，唯有「老實服務」才是最真實、最沒有負擔、也是最能達到成效的生活／工作態度。

任何場域，特別是政治場，很多人都以看秀的心情待之：大秀小秀、明秀暗秀、文秀武秀……秀裡乾坤難辨誰才是真心實意。這，是很標準的「老實服務」的反面教材，同時也是一般人對政治敬而遠之的主要原因之一。

不過對我來說，「老實服務」其實是很簡單樸素的心思，就是遇事不論大小、不論有解無解，我都誠心實意地陪伴大家一起走過，一起告個段落。擔任議員的角色，我們經常會遇見許多上服務處尋求協助的民眾，問題能不能獲得具體解決、意志能不能如願伸張，很多時候也要看機緣。若當真無法圓滿完結，但凡過程中有了真心實意的陪伴，受到挫折、委屈或者不公的心靈，沿途才有了可以依靠的臂膀與牽引的雙手，至少不至感到孤獨憤懣，願意對未來抱持盼望。

這，也是我之所以可以在二〇一五年，首臺灣之先，落實「參與式預算」，並在試辦期創下全球從未有過的三四．九五％投票率的原因。只不過所有的當下，其實並沒有那麼清楚的理路讓我看明白，這段歷程中深埋在底層的意涵，以及背後最主要的動力是什麼。要等經過了多年的醞釀沉澱，這樣的思維與認識才逐漸浮現，這也才逐漸明白了，當初自認為的「戇戇仔做」，原來正是「老實服務」的核心精神。

歡迎加入「老實服務陣線聯盟」

為了能與更多朋友娓娓分享這個發現，於是我有了出版第二本書的心願。就某個層面來說，第二本書《老實服務》，彷彿是我前一本書《公民自習簿》的前傳，想要回過頭來爬梳整理出，為什麼有些人寧願這麼做，而有些人卻選擇那麼做，在願與不願、可與不可之間，我們真正的想望又是什麼？特別是在疫情、戰爭（經濟／軍事）狂襲蔓延，民生備感困頓，而政治紛擾無一寧日的現今，「老實服務」的精神與實踐，益加顯得彌足珍貴。

該如何表述「老實服務」，而不流於空泛或口號？於是我試著從身旁認識的、發掘的、相信的人物故事開始說起，不論她／他們是來自政治、教育、醫學、司法、農業、社運、或是社福。透過這個過程我們驚喜地發現，竟無意間證實了，即便你我只是天地間一個小小的個人，不論是面對十七項 SDGs 中的「優質教育」、「和平、正義與建全的司法」、「消除貧窮」、「良好的健康和社會福祉」或是「永續城市與社區」等等，只要我們願意在自己的崗位上，抱持「老實服務」的堅定信仰與執行力，便永遠有機會在那條路上，開創出或大或小的新局、推動或近或遠的變革；即便目前尚未安抵終點，也必然是在抵達目的地的路上。

像是，堅信「找老師要像迎媽祖般隆重」，才有可能實踐教育改革的鄭同僚老師；勇於「打擊魔鬼追求公平正義」，在司法叢林衝鋒陷陣的林達檢察官；寧願以「一起吃飯、一起勞動、一起運動」，柔性深耕地方運動的雲林縣參與式民主協會；就算兩手空空，只能「追著垃圾車跑的憤青」陳薇仲議員，說什麼都想把選民拉進民主的試練場……這群本於勇敢捍衛自己的「真義信仰」——對他們來說「真正代表正義」或「具有真正意義」的信仰，而在各自領域以老實服務的精神衝撞體制的鬥士，以政治角度來看，豈不像極了是在不同「地方」開創不同「創生」的先行者，為的只是追求這些「地方」可以適宜人居、世世代代。

有趣的是，這個陣容與組合，其實原非刻意企劃安排的。我們花了一多年的時間，走走停停，有什麼發現與認識，就說什麼故事，成果竟意外地與SDGs若合符節。或許，這正好應證了大師兄所說的，人的抉擇，其實是早受到「暖暖內含的某些初發心」影響的結果。那麼接下來，就讓這群「老實服務陣線聯盟」的夥伴，用他們也許跌宕多姿、也許豪情干雲的生命故事，演繹「老實服務」的精采與感動。

走，讓我們先看故事去吧！

目錄 CONTENTS

01

找老師要像迎媽祖般隆重——

實驗教育教傳教士 鄭同僚

不經接觸我們無法想像，這問題甚至可能愈是都會地區愈嚴重——很多縣市竟然只用了三十分鐘不到的時間，就跑完遴選一名校長／教師的整個流程；大約十五分鐘試教、扣除考官說明後，只剩八分鐘左右的實質口試時間，憑幾個問題，就決定未來三十年，要把我們的孩子交給怎樣的老師教育。

這種遴選教育工作者的方式，堪比「蒙眼射飛鏢選股」還要神奇，但令人捏把冷汗的是，精準度真的可以讓人安心嗎？

這個體制粗暴的程度，別說對於隆重的「形」根本蕩然無存，恐怕連隆重的「心」，都未曾真正出現過。

教育是我問政的主軸之一，這麼說來，我和臺灣實驗教育先驅之一的鄭同僚教授，是不是在某個層面也應該可以算得上是「同僚」？那麼在此，我便以「同僚」老師相稱，猜想老師應該不會反對才是。

自從二〇〇三年，接下實驗教育典範學校「種籽親子學苑」（烏來鄉信賢種籽親子實驗國民小學）的計畫主持人以來，同僚老師就再沒有從實驗教育這條路上回過頭。他曾在媒體上表示：「看到很多孩子其實還未上大學、還未進社會，已經身受其害……我甚至覺得要連夜地做、每天做，也快來不及，因為要改變習於慣性的人心，是非常困難的事情。」

一種說不清楚的「快樂」

同僚老師舉自己兒子小時的故事為例。在他接下種籽學苑計畫主持人的那年，兒子剛好準備小一升小二，考慮使命，同時也依循自己的信念，他試探性地詢問兒子，「要不要來讀種籽？」兒子其實很糾結，但還是給老爸個面子，參加了暑期試讀。

時間一晃眼就過，開學在即，小一生在面臨最後抉擇時，突然崩潰大哭：「我年紀這麼小，為什麼要我作這個決定！」孩子為什麼感覺艱難？因為他發現，上種籽學苑的每一天都比前一天更快樂，但又難以割捨原校剛認識的一群好同學。幾經掙扎，孩子最後仍然選擇成為種籽的小二生。

同僚老師相信，在有選擇空間的情況下，每個孩子都會為自己作出相同的決定。那種體驗對孩子來說有點像是，再也不必把拿到手的壓歲錢上繳給父母「保管」，可以用自己的名字去開個戶頭把錢攢起來，爽快！或全憑自己好惡決定錢要怎麼花就怎麼花，痛快！

那種「快樂」，就是一般人容易誤以為，實驗教育是因為「自由無拘而產生的情緒快樂」，事實上卻是「因學習專注而產生的腦內快樂」。情緒快樂與腦內快樂，對於小一生來說，確實很難分辨得清楚。

十五分鐘誕生一名新校長！

身為臺灣少數橫跨體制內和體制外教育工作的同僚老師，除了是政大教育系副教授，同時也是「政大臺灣實驗教育推動中心」的計畫主持人，更是各級政府教育單位推動實驗教育的股肱之力、諸多實驗教育機構的重要諮詢導師。所以想討什麼教育的「藥單」，找他就對了。

然而，想對現今教育體制祭出任何治本手段，要想傷筋動骨的難度都很高，更需要長期抗戰。不過同僚老師認為，短期最能治標的「痛點」，可就非「教師、校長遴選制度」莫屬了。「局外人或許無法想像，我們很多縣市只用了短短十五分鐘的試教、八分鐘左右的實質口試（扣除解說時間），就跑完一名教師應試者的遴選流程；而且這現象甚至可能愈都會愈嚴重。」

想要在實質口試的八分鐘左右時間，憑幾個問題篩選出正確的人才，堪比「蒙眼射飛鏢選股」還要神奇，但令人捏把冷汗的是，精準度真的可以讓人放心嗎？「若非應試者有特異功能，便是遴選委員有讀心術，再不然，就是這個體制根本過於粗暴。」

同僚老師念茲在茲「找老師要像迎媽祖般隆重」，但現實中「迎媽祖」僅有二十三分鐘左右的時間，該要如何「隆重」？別說隆重的「形」蕩然無存，恐怕連隆重的「心」，都未曾真正出現過。

遠的不說，光拿一般民間企業的徵人過程來看，至少都比這個教育工作者的遴選流程，複雜嚴謹十倍以上：不但會有筆試、初試、複試，多數新人進入企業組織後，還有三個月的觀察試用期，讓公司與員工可以互評，最後才決定雙方是不是都「各得其所」。經常身處教師／校長遴選魔幻現場的同僚老師，每每總禁不住要反覆詰問：「難道我們就這樣，真的就這樣，輕易便決定了，要把下一代交給哪些人來教育？」

通過遴選的教育工作者，不論良莠，進入體系一待可能就至少三十年，如果沒在一開始就把好關，事後再想靠規範矯正補救，根本力不從心。同僚老師認為，遴選問題其實並不難解，只須下定決心，例如把經費增為十倍，整個遴選過程拉長十倍，單單靠這樣，便足以把一個人適任或不適任的特質也給「放大」十倍；若再加上遴選流程刻意安排些情境設計、角色扮演，並輔以閱人高手從旁觀察，由找對人開始下手，要在短期內為體制教育「止血」，並非緣木求魚。

別看企業界重商，很多閱人無數的老闆級高手，只要發出英雄帖，請他們站出來用慧眼為臺灣的下一代找尋好老師、好校長，就算連車馬費都沒有，絕大多數也會欣然前往。這一點，同僚老師非常有信心，「因為所有人都認同這件事情太重要了。」

父母要學會收起單向的愛

當我們談到近期幾則有關教育的新聞時，像是建國中學陳美儒老師新書中的「化學跟母親比起來算得了什麼？」以及上海十四歲女學生跳樓，留下來生別再見的「千字控訴文」時，同僚老師垂首沉思了一下，然後緩緩道出一句佛家語「無明」（煩惱）。這是人生課題，無所不在，已經超越教育。甚至有那麼一瞬，我突然湧上一股深深的感觸，所有的教改，恐怕還遠不及父母親的一個念轉來得重大、深刻！

我們不要忘記，學校教育能給的畢竟有限，六年、三年學業結束後，孩子還是要往人生的下一個階段前進。事實上，家庭教育的影響才是最關鍵、最深遠的，重要性至少占了七成。就算把孩子送到自由開放的實驗學校，但如果父母「每天用控制高壓的方式對待孩子，卻期望孩子自主學習，這是不可能的。」這就好比關了小徑卻鎖上門，孩子照樣走投無路。

實驗教育一直以來，便是在孩子投石問路的沿途，不斷打開一扇又一扇的門。其實最一開始，實驗教育與「實驗」無關，而是叫「理念教育」，是為了避免因名稱與體制教育之間造成比較心理，才採用了現在這種乍聽之下好似有點過渡意味的說法。「你們看喔，不論是華德福、蒙特梭利等等實驗教育所採行的理念或方法，都行之有百年左右的時間了；而我們的一〇八課綱才三、四年的資歷，」同僚老師笑著問：「你們說，誰才是真正的『實驗』？」

實驗教育最核心的思維是，一要抗拒把學校當成工廠，透過固定流程，一味追求提升原料的同質性，同質性愈高流程操作愈簡易；二是不要把學生當容器，只求用進度填滿，而不問孩子學到了什麼。同僚老師便非常欣賞諾瓦實驗中學所採行的「主題式教學」，他們曾經設計一套「少年島主」的教學主題，讓身為島主的孩子們，自己去想方設法，該如何為一座孤島建設經濟與農業。為了成為稱職的島主，孩子們會在挖空心思規劃島國大藍圖的過程中，發現自己缺少了哪些知識與技能，然後主動向老師開出「學習清單」。

「我想學這個、我想學那個……」是孩子因為自己有興趣且又清楚的目標而「討來的學習」，會不自主積極嗎？學校、父母如果懂得如何創造這種「飢餓行銷」，教育才能有真正解除緊張關係的一天。

三十年樹校，成功不必在我！

雖然同僚老師把很大心力放在體制外的實驗教育，仍然同意，體制教育畢竟影響範圍更大、人數更多，更加沒有理由放棄。而體制外實驗教育的各種大

從體制內到體制外，鄭同僚老師用「三十年樹校」的精神，為臺灣教育埋下一顆三十年的種子。

／照片：鄭同僚提供

膽創新，正是提供體制教育變革最好的示範、養分與刺激。也許短時間我們看不到具體成果，但若拉長時間來看，「只要實驗教育努力不懈，為體制教育引進競爭的機制，再加上開放教師甄選資格，三十年後，臺灣體制教育必定會有所不同，這是實驗教育對整體社會所能提供的更重要價值。」

我們都懂「十年樹木、百年樹人」，同僚老師則是投入「三十年樹校」，讓我對他有了更深的崇敬。他看重的、他追尋的都不是眼前的戰果，他願意埋下一顆三十年的種子，不催芽、不揠苗，成功不必在我。很多人稱同僚老師為「臺灣實驗教育先驅」，但我看見的他更像是「體制教育的鬥士」。

目前確實有愈來愈多公辦實驗教育學校出現，但其中仍有不小比例的辦學動機，要不為了求生存、要不就是礙於長官指示，辦起來總有股逼不得已的況味，造成很多課程的設計其實仍舊掙脫不了課綱的規範，只是「換湯不換藥」的特色課程，也許一週騰出二至四個小時，安排一些小主題，像是認識在地產業、在地作物、在地建築等等。

同僚老師特別強調，課綱沒有不好，那是一種集成社會共識的代表。問題在於，課綱往往變成書商的「商業藍圖」，教課書、參考書、光碟、教案、試卷、題解，一應俱全；連給各別學生的學期評語，也已經「模組」化，真的只要「點」評就可以。行之有年之後，「慣老師們」逐漸去技術化，早已喪失走出課綱的能力。

教育革新須以「突破性感染」為手段

特別是，在部分媒體創造出來的地方政績指標「教育力」的推波助瀾之下，經常讓公辦的實驗教育淪為地方競爭的「業績」之一，造成某個時期猶如蛋塔效應，突然冒出一堆實驗國小。這樣的改變，不是真革新。

那究竟體制教育該怎麼變革？「突破性感染」！

這當然與疫情無關，而是指，首先必須找到一個勇於任事的鄉鎮打頭陣作先鋒，大膽「突破」體制內像「打了疫苗」百毒不侵的思想慣性、行為慣性、人際慣性等等，勇敢跨出框架去探索、去設立創新教學的標竿。一旦新教育受到普遍認同，被「感染」而見賢思齊的學校，大家便有跡可循，甚至觸類旁通，而紛紛從桎梏中解放。同僚老師他們當初在推動高中優質化時，靠的也是這種「病毒行銷」的心法。（發現了嗎？教育變革竟意外地與行銷學非常合拍！）

我們當然歡迎有愈來愈多教育工作者，因為認同「適性教育」，而自發性地朝實驗教育的方向前進。事實上，二〇一四年通過的《實驗教育三法》，最終目的仍在追求實驗教育的普化。不過就算目前學校體制不完全支持，套句同僚老師說的，「把教室門一關，任何老師都有空間來實踐自己的實驗教育，」只要通過清楚的溝通，相信也一定可以獲得學生共鳴、家長按讚。

小校齊頭式平等的不良慣性

目前臺灣五十名學生以下的小型學校，已經超過五百所；一百名學生以下，超過一千所；然而全臺灣小學總共不過兩千六百所。都市化加上少子化，讓偏遠地區國中小小型化成為全球共同的現象，但臺灣的問題是，這些小型學校卻死守大校的制度不肯鬆綁。

試想，只有不到五十名學生的迷你學校，卻仍然「要」配置一位校長、至少兩位主任、一兩名組長，以及至少七位專任老師，一兩個職員、工友。這種疊床架屋的層級究竟是「需要」還是「想要」？（看，行銷學又來了！）又滿足了誰的需求？這種慣性心態根本綑死自己。

「我們去奧地利觀摩，人家十八個學生的學校，根本只要『一個半』老師就夠了；一個是校長，半個是跟鄰近學校共聘的老師；因為全校混齡，校長的職務仍以教書為主。另一所四十八名學生的學校，聘三位老師也綽綽有餘了。這些學校都在精不在多，學生的小學畢業成績，都排在全國百分之七、八十以上，完全不輸大校。反觀我們五十人以下的小校，至少有十名老師，仍舊教不好……」

「臺灣的小型學校，每名學生的單位成本居高不下，平均一年要二十～三十萬元，大約是平均值的兩倍。只要我們放膽把小型學校的層級精簡，立刻便能提高每位教師的薪資，吸引更多優秀人才進入偏鄉教育體系；甚至還可以把省下來的行政費用，拿來校外教學，讓孩子認識更大的世界。怎麼說，這些錢都會花得更有意義、更具價值。」

「氣」而不餒！

我很贊同同僚老師的觀點，確實，私人機構辦實驗教育最大的亮點就是，沒有因慣性積累造成的沉重包袱，只要學生、家長支持，再怎麼大破大立都不是問題。雖然在現下的體制，要靠老師們各個突破還很難，但同僚老師看的是三十年之後，不求立竿見影；同時他也很樂觀，因為各類力量也開始在不同角落萌芽，像臺大葉丙成老師也經常會舉辦一些培訓課程，都是希望可以為體制搭建起穿越到魔法學校的「第九又四分之三號月台」。

「就像我經常提醒老師們的，要把學生帶到邊界，就像哈利波特的『第九又四分之三號月台』，這樣他們才會發現，哦，原來還存在另外一個世界；不看見另一個世界，我們不會清楚看見自己身處的是『這個』世界，因為早已經習慣成自然。」所以跨經驗跨領域，永遠是創新思維的第一步。

當然，要對抗慣性沒那麼容易，人只要一回到體制內，很快就會被各種情境綁縛，所以我們經常為之氣結。「但就算以最悲觀角度來看，我們也已經撒下種子。」同僚老師伸膀子握拳帥氣地笑了。「只要我們『氣』而不餒，終究會走到目的地。」

支持同僚老師千山獨行的力量來自菩薩道的「放下我執，即是清靜」，以及他留美時的老師麥克・艾波（Michael Apple）影響他很大的一句話：「作為批判主義者，理念上是悲觀的，但行動上總是樂觀。」因為深知人要抗拒慣性非常困難，阻力永遠會橫亙在去的路上，但黑夜過去、黎明再起，該努力的還是要一步一腳印往下走去。

面對臺灣的現行教育，各種改變的力量也在不同角落萌芽。

／照片：鄭同僚提供

延伸閱讀

《奧地利小型偏鄉學校的潛力和挑戰》

集結了十八位作者，針對英、德、法、挪威等八個歐盟國家及加拿大，提出與各國教育體系及治理相關的探討，並於二〇一九年出版的《學校教育的地域性》（*Geographies of Schooling*，暫譯），書中收錄了安德莉亞・拉格爾（Andrea Raggl）博士所寫的文章〈奧地利小型偏鄉學校的潛力和挑戰〉（*Small Rural Schools in Austria: Potentials and Challenges*，暫譯），能大大幫助我們進一步理解奧地利小型學校的教學及管理。拉格爾對於奧地利小型學校的觀察與討論，主要是基於二〇一二～二〇一五年一項名為「高山地區小型學校」（Small Schools in alpine Regions）的跨國專案研究調查。

比較特別的是，奧地利採行的是九年國民義務教育，小學四年（六到十歲）、中學四年。國小畢業後，學生就開始適性分流，未來想讀大學的，就選擇通過各校的篩選機制，進入「普通中學」就讀。奧地利二〇一二年實施教改，把部分舊有的四年制中學，改制為開設更多類似家政、手工藝等實用課程的「新制中學」，提供想要盡早就業的孩子學習的管道。那還有一年呢？要等進入高中／職完成第一年學業，才算完成九年義務教育。

混齡教學盛行於歐洲

比起小學教育採取五年或六年制的國家，奧地利小型學校的比例先天上就會顯得更高一些。根據國際標準，小型學校是指，全校學生人數少於一百人。然而奧地利統計局二〇一七年的資料顯示，他們的國小六〇％學生人數少於一百人、四〇％少於五十人、六％少於二十人；顯然這個國際標準不適用於奧地利，他們自己對於小型學校的定義是，學生人數少於五十人。目前奧地利共約兩千八百六十五所公立小學、一百零六所受政府輔導的私立小學（二〇二一年七月），基本上除了維也納，其他邦的小學生人數都呈現下降的趨勢。

奧地利的小型學校有幾項特色：這些學校大多位於農村，全校僅雇請一至三位、甚至更少的教師，大多採取混齡教學（multi-grade classes）的上課方式。部分學者相信，混齡教學好處多多，包括：以學生為中心的教學和學習、像家庭般擁有類似手足相互成長的教室氛圍、易於採行靈活創新的教學方式、支援個別不同的學習節奏，以及有彈性地入學等優點。然而不可否認的是，由於不同年齡的孩子需求不同，混齡教學也是特別具有挑戰性的。

奧地利小型學校的混齡教學通常是分成兩個班，每班有兩個年級；基本上人數少的話，每班就只配備一名教師。相較之下，同樣是小型農村小學混齡教學盛行的瑞士，由於國小採六年制，照樣也採取只分成兩個班的架構，每個班就包含了三個年級，教學難度恐怕更高。不過這個年齡跨度卻恰好符合，強烈批評同質化班級的蒙特梭利教育及其他教育專家的主張，他們認為混齡教育的年齡跨度最好為三歲。理由是，孩子之間的年齡差距應該足夠大，才有利於刺激彼此的學習。

在德國，甚至有愈來愈多的大型小學實施混齡教學，特別是在入學階段。他們相信，混齡教學提供了很好的機會，讓一個班級裡孩子的異質性更顯著、也更合理，同時還能強化不同年齡層孩子間的同儕教學（Peer Tutoring），學會如何相互學習及通力合作。

根據歐盟統計局二〇二〇年的資料顯示，歐盟二十七國中，總共有二八%的人口是生活在農村地區；特別是位於北歐斯堪的那維亞半島上的芬蘭、瑞典與挪威這三個極地國家，更是混齡教育盛行的地區；這些極地學校超過三分之一都是學生人數五十以下、採取混齡教學的小型學校。

關校問題往往牽涉政治考量

不過拉格爾也曾經表示：「不可否認，經常有一定比例的教師、校長或教育工作者，對混齡教學是持反對的看法。」他們認為，混齡教學讓教室中的一切變得更加複雜、更難管理，教師們需要更充足的培訓準備，也涉及更大的工作量，同時會給經驗不夠豐富的教師帶來不小壓力。從二〇一六年開始，奧地利規定所有的新聘教師都必須具備碩士以上學歷。

雖然奧地利在中央設有聯邦教育部，但像學校最低學生人數、停課與否等比較區域性的問題，則直接交由九個邦自行管轄。由於一九六二年修法，奧地利要求學童從五年級開始，多數必須進入更靠近市中心的中學上學，直接導致偏鄉小學的學生數量銳減，更加深化了一九六〇～一九七〇年代出現的一波關校潮。當然這背後也包含各種其他因素，像是因為道路基礎設施擴展，更方便偏遠地區學童進入比較近市中心的地區就學，甚至有些家庭乾脆直接遷出偏鄉；偏鄉人口出生率下降；教育家和決策者嚴厲批判小型學校等等，最終導致這段時期大量關校的結果。

然而每所學校最低應維持多少學生人數，在奧地利的九個邦各自有著不同的規範，按照拉格爾的說法，這個彈性空間，造成小型學校的存廢，經常淪為地方各種政治的角力場。儘管在過去五十年裡，奧地利關閉小型學校的步伐相對放緩了；但接下來的情勢仍舊無法逆轉，學校關閉的數量依舊持續增加，特別是在奧地利東部。

有人的新天地，有人的荒蕪島

事實上，關閉學校和面臨關閉威脅的學校，一直是歐洲各國關注研究的焦點。在「每個社區至少應該有一所小學」的概念下，奧地利大多數的邦開始朝聯合學校（school cluster）發展，把相同地區鄰近的幾所農村小校（一般為二到八所）圈在一個區域網絡內，由一位校長兼管這幾所學校的教學與經營，「這項國家政策正在緩慢但穩定地改變農村教育」。校長的遴選，將透過國家標準程式，採用由外部專家進行評量來決定；新聘用的教師，則是由各校或聯合學校的負責人自行選拔。

那麼，改善農村小學是不是便指，要設法提升學生人數、讓學校更大？多數教師與校長都同意，在傳統上，小型農村學校的優勢之一是，它們經常與當地社區保持密切聯繫。例如二〇一九年就有調查就顯示，拉脫維亞七八％農村學校的校舍，是提供當地社區居民運動或舉辦活動的重要開放空間，對於凝聚社區情感、社區活力與社區資源，是具有正面社會意義的。他們稱這類的學校為「社區活躍學校」（community active school），這些學校拒絕淪為「社區孤島」，不僅會將教學和學習融入當地環境，還會在社區生活和文化中發揮凝聚與催化的作用。

至於小型學校該何去何從，在不同國家有不同的潛力與挑戰。拉格爾表示，雖然有些小型農村學校透過建立網絡和協作、建立聯合學校或締結聯盟的方式，試圖找到一條可行的道路，當然也毫不意外，「我們經常還是會在偏鄉看到這樣的場景：稚嫩年輕又缺乏經驗的教師，被派到那些只有不到二十名學生、僅容得下一名教師的小小校，然後很快就發現，自己好像突然一腳跌進孤立無援的小島。儘管地區的督察員都對這些困境心知肚明，但總也愛莫能助，因為他們很多時候根本找不到，願意去到偏遠學校教學的有經驗教師。」

不過每個國家、每所小校面臨的狀況差異頗大，根據拉格爾對奧地利西部小型農村學校的研究，她觀察到這些地區小校的樣貌非常多元，一般地理位置愈偏遠、學生教師人數就愈少；但同時她也意外發現，有為數不少的校長與老師，很可能反而是特意轉調到這些小校來教學的，因為他們認為，這些自成一格的小天地充滿了挑戰與吸引力，更容易實踐自己的教育理念，或是開創各種新型態合作的可能。

值得關注的是，這種現象也逐漸在臺灣出現。例如由財團法人「為台灣而教」教育基金會（TFT）主辦，錄取率平均僅六・五％的偏鄉國小教師甄選，每一屆都吸引了大批年輕人，競爭白熱地爭取要進入偏遠地區、部落或實驗小學教書兩年的機會。這項偏鄉教師選拔不但為偏鄉教育注入活潑的新血、培養教育轉型的人才，形成「教育創生」的生態系，更吸引了企業的眼光。企業界相信，這群經過「以創意代替資源」燃燒熱情的年輕人，有更大機會被琢磨成企業經營的亮眼人才。

臺灣偏鄉的「教育創生」

所以樂觀地想，確實如拉格爾所發現的，比起條條框框、慣性難返的大型學校，小型學校反而處處充滿可能、天天允許創新。如同很多資料顯示的，農村小型學校確實很有成為創新之地的潛能，遇到對的老師或校長，甚至反過來還能夠吸引更多來自市中心的家長與學生。遠的不說，我們臺灣自己便有很棒的例子，例如南投中寮鄉的爽文國中、新北市坪林實驗國中。

十年前，一本名為《老師，你會不會回來》的書出版，讓大家對於因為學生一句帶有期待的問話，而留在偏鄉奮力實踐教育平等的王政忠老師，以及從九二一大地震後又重新出發的爽文國中，留下深刻的印象。王政忠老師不僅成功翻轉了，一群低教育資源、低家庭支持、低學習動機的偏鄉孩子，更率先演繹了偏鄉學校擁有的驚人創新潛力。

全臺灣唯一獲 Power 教師、Super 教師及師鐸獎「三冠王」的王政忠老師，二〇一五年透過臉書發動「我有一個夢」，要以偏鄉教師優先的自主研習活動，之後獲得教育部支持，發展成臺灣最大規模教師專業成長研習營「夢的N次方」，八年來已培訓超過三萬四千名教師，大約占了全國中小學教師的五分之一。透過一位「還有夢想」的教師，散播了一顆神奇的種子，八年間竟在臺灣偏鄉許多絕望的教育現場角落，燃起無限的希望。

王政忠老師表示：「以去年（二〇二〇）年在校生三個年級人數為例，

在地生依序共十八、十九、十四名，從學區外且主要來自外縣市跨區就讀的人數，則依序為十八、二十四、二十九；外地生超越本地生人數已成穩定趨勢，同時本地生就學率是百分之百。」其實還不僅於此，王老師當時還特別分享了罕見的「早鳥清單」：「已知目前就讀小六、小五的『未來學生』本地生依序登記的有十九、二十二人，外地生則已有二十五、十二人，預期人數會隨時間而逐步遞增。」

二十五年前王老師進入爽文國中任教時，初期每年至少五〇～五五％的本地生必定外轉到其他學區就讀，但經過家長團體和學校多年來不斷攜手合作，自七、八年前開始，爽文便已達成本地生百分之百就讀率。我們可以這樣說，爽文為體制教育樹立了強大的典範，成就了教育版本的「近悅遠來」。在地方、校方齊心努力之下，爽文不但不須減班、老師不必外調，還能迎來有志開放學習的多元學生，大家一起緊緊守護這座充滿理念與熱忱的成長園地。

「我覺得這個最大的意義在於，我們是先本地生回流，然後才吸引外地生跨區。公立體制教育的意義就在於服務在地學生，讓孩子們不必遠赴外地就學，這是他們應有的教育公平權。」這是王政忠老師對於「教育公平權」的詮釋。

我在議會中也多次提出「一偏鄉一實驗教育」的想法，建議市府將學生人數五十人以下的學校，轉換成「公辦公營」或「公辦民營」的實驗學校。目前新北市一百人以下的學校共有五十三所，偏鄉人口除了烏來、坪林兩個地區，其餘都呈現下滑趨勢，但令我們驚喜的是，去年（二〇二一）坪林實驗國中入學新生中，在地生七人、外地生二十四人，是新學年度首次出現跨區就讀的外地生超過本地生人數。

可惜的是，至目前為止，這個理念還只能算是市政施政上的一個「目標」，主要受到實驗學校總量管制的法令限制（不超過總校數的五%），目前希望朝向先成立「教育創新實驗室」，作為實驗教育的專責單位，朝目標前進。相信同僚老師必然跟我一樣，都期待著有那麼一日，實驗教育的精神與意義，可以從鄉村包圍城市！

02

選擇要過社會的日子——

二四八農學市集創辦人　楊儒門

此前，也是試過各種辦法的。

眼看因為進入 WTO（世界貿易組織），臺灣必須開放農產品進口，稻米占最大宗，但家鄉彰化二林的阿公，和全臺灣一半都是種水稻的農民，大家禁得起在沒有配套措施的情況下，貿然大舉開放稻米進口嗎？

他投書報社，石沉大海；也找過議員，沒人睬他；上農委會找官員，「當時還有在推行禮貌運動，結果我連一杯水也沒喝到……說到底，就是選擇，選擇要過我的日子，還是過社會的日子。」

第一次和楊儒門碰面的人，都不免要好奇，眼前這個粗獷草根的大男生，當年為什麼會變成「白米炸彈客」？究竟承受了多大的生存壓力，才做出那樣的選擇？

他調整了一下反戴的藍色棒球帽說：「很多人誤以為我吃不飽，才出來搞革命……況且，那時候我也還不是農人。」

其實楊儒門十七歲高中還沒畢業，就出來學師仔，學做大理石安裝；兩年多後出師，日薪調為三千五百元、加班一小時七百五十元，領半月薪，每次可以領五～八萬，「每月大概有十五萬左右。而且我十七歲就開始買股票、買保險了，那時買股票開集保戶頭，還得拉我媽當保證人，因為我還未成年。看書真的有影響，我就是看股票聖經、投資聖經那類的書，錢還沒那麼多，就從零股開始買起。我怎麼會是為了餓肚子去搞革命。只不過，自己小日子很好過，但家人究竟過怎樣？」

丟出農業議題的十七枚炸彈

沒有太多的沙盤推演，只是孤注一擲，就準備成為臺灣史上頭一位代表農民採取激烈手段，拋出「反對進口稻米」、「政府要照顧人民」的炸彈。楊儒門回應媒體說，「都已經決定要做了，還有什麼好害怕的。」

楊儒門的動機其實很單純，因為唯有這樣才能讓有話語權的人，代替他把訴求說出來，也才會有人願意認真聽進去。所以在二〇〇三年十一月十三日起，他從一名大理石安裝師傅，一夕變成在首府臺北總共放置十七枚「白米炸彈」、行蹤飄忽的「恐怖分子」。一年後，他看到新聞上說，毫無頭緒的警方已經開始求神問卜，認為事情已經走到了「不問蒼生問鬼神」，這不是他所樂見的。二〇〇四年十一月二十六日，在弟弟陪同下，向警方自首投案。

等大家搞清楚楊儒門想要引爆的議題之後，對內，開啟了農業與社會的對話；對外，「白米炸彈」給了當時臺灣在WTO談判會議上，農業相關條款攻防時一枚強有力的民氣籌碼，促使美方態度軟化，不再強逼臺灣提高進口上限，也放棄施壓臺灣取消對美國的「配額外關稅」。楊儒門事件，成功阻擋了進口農產品對臺灣數十萬戶農民生計的強大威脅。

進口米一公斤五塊錢，還是實實不帶殼的糙米，每年進口數量是固定「配額」的一四四、七二〇公噸；為因應這項協議，臺灣稻米必須減產、耕作面積縮小，以免衝擊米價；進口米進入臺灣以後，政府除了找盤商來承接（低於進口價），沒有其他更效率的去化途徑。此後，混米問題層出不窮，至今未歇。（當時，臺灣米普遍售價一公斤三十多元，一般糧商平均每兩年會被抓到十五次混米、標示不實，卻什麼罰責也沒有，要不就是罰責不對等，獲利上千萬，卻可能罰個數萬元便了事。）

展開與社會的和解及溝通

現已成為兩個女兒的爸爸的楊儒門，褐色的笑容增添了些許柔和的線條。他收起憤怒，不再扮演強硬分子，改以實踐者的身分，想要走出臺灣農業的寧靜革命。目前他以北海岸、東北角一帶為基地，作業重心可以劃分為三大部分：二二四八農學市集、金山直販所、彩田米。

楊儒門說，搞社會運動抗爭的主要有兩大目的：為了選舉、為了理念；又大致可以分為兩大類分子：強硬分子和恐怖分子。什麼是強硬分子？什麼又是恐怖分子？對他來說很容易區分，凡是拿別人錢走上街頭、甚至搞破壞的，就歸為恐怖分子；但若是花自己錢去鬧革命、爭權益的，就屬於強硬分子，他們通常都有正職工作，下班之後才去抗議。所以在國外，抗議的雙方，很可能前一個鐘頭還在街頭對峙，下一個鐘頭又同在一間酒吧喝酒聊天，都是常有的事。

「所以那次有人揪我去總統府潑油漆，抗議政府拆大埔，我就跟他們說，『要，我要去，但要等我下班，因為我要先賺到錢才能夠買油漆。』」結果，他和夥伴不但下班後才姍姍來遲，還先買了瓶飲料，到時場子都已經散了。

「總是要先顧腹肚，才能顧佛祖。」（要先照顧好自己，才能照顧社會。）

今天拆大埔
明天拆政府
FUCK THE GOVERNMENT

楊儒門是社會運動中的強硬分子，目的為的是理念、表達的是訴求，其餘別無他求。

／照片：維基資源共享 https://reurl.cc/Vj14nb／作者：范姜中岑

《社運不是政治的名利場

經過這些年，楊儒門漸漸發現，生長在臺灣其實是幸福的，雖然社會仍然會出現不公義，但不至於把人逼到絕境，政府也愈來愈柔軟彈性、愈來愈有溝通空間。「在監獄的每一天我都很忙，忙著見很多人，像作家吳音寧、楊祖珺教授……大家帶很多書來給我讀。」特赦出獄後，他開始嘗試和社會溝通、和各機關部門溝通，也和市場及農民溝通。

楊儒門很清楚，他的特赦與「除罪化」無關；也很清楚，社會之所以關注抗議，是因為訴求的議題值得關注，並不是出來搖旗吶喊的人。社運不該是政治的名利場，雖然有部分人卻是這麼錯誤地認知著，不過譁眾取寵的終歸走向飄渺虛無，像一陣風，呼嘯的時候或許翻天覆地，但終將無法永遠緊繫社會的目光；時也運也命也，若真的因此踏入政壇，「那恭喜你，就好好幹、實實做，把曾經那麼大的激憤化成理念，落實。」

單槍匹馬搞社運的楊儒門認為，比較起老一輩的社運人士，或動輒幾百萬捐輸的社運資助者，隨著時空轉移、溝通管道愈多元，現今的社運人理想性漸漸不那麼高了，大家似乎更在乎話語權和聲量的多寡；像「臺灣最後一個政治死刑犯」陳明忠，對於自己走過的坎坷路，始終抱持「歡喜甘願」的風骨，幾已不復再見。

楊儒門還講了一個有關陳明忠的故事。他說，有回陳明忠因為閱讀反動書籍，被警總逮捕，並且逼問禁書來源。為了避免牽連別人，他隨口編了個謊，說是當時遠在日本的經濟學者劉進慶給的。不想消息傳到日本，劉進慶居然冒死專程回臺證明，書確實是他給的。結果，劉進慶在審訊室意外碰上陳明忠，兩人居然對面不相識，謊言就這麼陰錯陽差被戳破了。這種情義相挺誰能不動容？

「還是要給自己一些真實的責任會比較踏實啦。」所以楊儒門經常婉謝想找他出來選舉的各方邀約，因為「外界的人怎麼看你，和你真正想要做的事情，是沒有關係的。我們若是看自己重、看社會輕，那這個社會怎麼會變好？」

不一定要有機產品，但一定得有機行銷

最初，楊儒門在種田、市集、農業資訊網站三個方向舉棋不定。二〇〇八年去了香港一趟，看見他們的大埔太和農墟有機市集，心生欽慕。回到臺灣，在太平洋建設總經理章啟民的義氣相挺下，無償提供忠孝東路四段二四八巷的一塊場地，二四八農學市集便在這個大臺北黃金路段約七十坪的水泥地上「長」了出來。

市集是要賣有機嗎，還是一般農產品？楊儒門發現，當時的有機法規某種程度上對小農並不友善，零散的土地與大規模農企業的驗證費用，竟是相同的；且轉型期過長，農友在這段期間內，既非有機耕作，卻又比慣行農法好，但價格難定位；只一味要求有機驗證，會抹殺許多小農的努力；若不驗證，又和政府及世界潮流相違背。左思右想，他認為讓生產者與消費者直接對話的「有機行銷」，讓農友養成基本的銷售能力，才是根本的辦法。同時他也不認同，部分缺乏理念的有機農產品愈賣愈貴，卻只一味要求消費者把錢掏出來

「大家吃理念」。

《農企合作行不行？

市集的初衷一直延續到今天。這讓楊儒門想起自己在讀吳曉波的《大敗局》時的領悟：領先潮流，未必保證成功；尾隨潮流，只剩拾人牙慧，致勝關鍵在恰恰掌握住了浪頭。他舉臺灣第一代網路企業資迅人（pAsia）為例，他們做在 Yahoo! 之前、在 Google 之前、更在 Line 之前，但結局仍是失敗。再加上中國「鐵本事件」主角戴國芳的故事，從上百家銀行爭相聯貸的火紅企業（江蘇鐵本鋼鐵），到遇上宏觀調控應聲入獄，事業人生嘎然而止。

楊儒門說自己經常回看這些人的經歷，對照自己腳下的步伐。「做事之前一定要先對環境有認識嘛，講白一點就是順應時勢，要不就得自己有辦法引導時勢。就跟我們做農夫市集一樣，那時臺灣只有三個市集，大家都覺得我腦袋有問題；十多年前我到百貨公司設櫃、上架時，人家也覺得我有病。結果到現在都變成顯學啦，現在很多人在辦活動時，還會要求我要搭配個農夫市集。」

漸漸地，「楊董」的稱號便傳揚開來。

而蘇龍飛的《股權戰爭》，則是教會楊董進一步思考農企合作的奧義。「要自產自銷？還是依恃其他通路？農產品加工要找人代工？還是自己建廠製作？有了清楚的規劃，才知道自己缺不缺錢；不缺錢，那為什麼需要別人投資；缺錢的話缺多少、又該上哪裡尋求資金。」確實，有不少企業對農業有興趣，但楊儒門提醒，「不要一看到企業想拿錢出來投資、做技術研發、以區塊鏈拓展海外市場等等名目，就見獵心喜。這些都需要有一顆清醒的頭腦，伸出手拿人家的投資很容易，但首要是一定要很誠實面對自己，這輩子你到底賺不賺得回來？」

友善土地、友善耕作、友善消費

楊儒門被農友們戲稱是很有辦法的「楊董」，目前把心力放在三大農事業。彩田米一步一腳印地漸次在金山靠著「高於盤價的收購價」，成功契作了三十三位農友，總面積三十甲地；未來想要讓金山、萬里、石門共四十二甲的水稻田，全部採用友善耕作，再逐步拓展到地瓜、筊白筍和芋頭；同時展開為期十年的蓁扇湖梯田修復計畫，目前是三甲，有潛力可以整理到五十甲那麼大。楊董希望，未來大家只需在臺灣走趟小旅行，就可以看到美麗的梯田，不用眼巴巴大老遠再跑去日本、中國或峇厘島。

猴頭菇又是另一個新的項目，是專門為東北角一帶在地老人所設計的下冬天經濟作物。當地雨季從九月一直下到隔年三月，綿長的雨季讓人發霉，也會導致所有農業活動暫停，造成人員難以停駐。「當初設想該怎麼替冬春找個符合時令，又適合老人家的農活，結果發現米大菇食利用咖啡渣和稻稈、粗糠這些農業循環資材做成的太空包，一個菇包可以種三次，拿來養猴頭菇再適合不過了。」種植猴頭菇有一項大優點就是簡單，省工又長得快，「只要會摘菇，就可以種了。千萬別種那些之後會給自己找麻煩的作物，特別是已經沒辦法應付太多體力活的老人家。」楊董做到了友善土地，也友善耕作者。

楊董並沒有就此止步，他試圖再更往前進一步：也不忘友善消費者。他從冰箱拿出一盒符合全世界超市規格一百五十～兩百公克裝的有機豪菇，秀了一下透明晶亮塑膠盒上貼的價格標籤：七十五元。「這種包裝，人工很貴、盒子很貴，為了符合規格，去掉的食材也很多。但我現在規劃，下冬天種出來的菇，我只打算賣給火鍋店和熱炒店；用散裝的方式裸賣就好，只要採買達到一定的量，就用等於是打六折的價格賣給他們。」最重要的是，不要浪費食材。「盒裝的菇大概只有五分熟，但其實它們不強摘的話，每朵大概可以長到一斤重，但長滿長好就又成了『格外品』，會被打掉，進不了通路。」

為了不讓農產品慘遭「削足適履」，他寧願透過平價造福更多消費大眾，讓更多人可以吃到好食材。楊董還出了道題來突破大家的盲腸，「你知道要解決惜食、剩食問題，政府最應該補助誰？」對於這題答案，我和楊董有志一同，都認為最有效的辦法，應該是補助自助餐店。「你給他一項高麗菜，他可以給你做出二十道菜來。不補助自助餐、便當店、火鍋店，卻拿去搞噱頭、賣文青，對不到症，很難下對藥吧。」

不論你認為曾經是憤怒炸彈客的楊儒門，現在做的是地方創生，還是農業寧靜革命，以我與他不算久的認識來觀察，我想，他整個人散發出來的特質當中，最寶貴的是「他的眼裡有蒼生」，而且始終如一。

延伸閱讀

《對了，就來賣葉子！》

每回看到這本書的書名，就感覺有趣。我們平時除了買粽葉、插花用的葉材，還買過什麼葉子嗎？應該沒有。但有人卻異想天開要賣葉子，這事活生生在日本發生了，滿山遍野枝頭上迎風翻飛紅的綠的黃的葉子，居然成為整個村莊生活的樂趣和生存的冀望。

作者橫石知二所寫的《對了，就來賣葉子！》，二〇〇七年在日本出版時，便引起廣大回響；二〇〇九年臺灣出版時，充滿畫面感的行銷文案，讓人忍不住想多了解書裡所講的故事……「在日漸凋零，男人整天喝酒、女人愛說閒話、老人無所事事的頹廢村落，三十年後的今日竟成了全日本唯一連老人都會用電腦做生意的地區。老阿嬤的時薪就連銀座媽媽桑也羨慕。」

▌多山的上勝町，即使在雨中，依然不減它的美麗。

／照片：維基資源共享 https://reurl.cc/xO9dx5

／作者：yano@mama.akari.ne.japan

B計畫成功建立信任基礎

故事發生在日本一個遺世獨立的小農村，德島縣勝浦郡的上勝町（Kamikatsu）。這個位在海拔一百～七百公尺、近九〇%是森林、人口不到兩千人的山腰村莊，同樣是飽受人口嚴重流失、高齡化（一半是六十五歲以上）的老邁村落，多數居民向來以林木業和種柑橘為生，經濟窘迫。

一九七九年剛從農業大學畢業的橫石知二，來到這座小農村擔任農事指導員。兩年後，一場大風雪把上勝町的柑橘樹全部凍死，而林木業則早在更久以前已因不敵進口木材而大舉蕭條，此時全村幾乎陷入斷炊危機。為了應付眼前的困境，橫石知二率先想到，那麼改種成長快速的蔬菜，應該可以充當部分的及時收入吧。

最後選擇了大家都沒種植過的青蔥。結果欲速則不達，橫石知二居然在計算催芽的激素時，把濃度計算錯誤。幾天後，田裡剛種下全町希望之所繫的蔥頭，轉眼又全數枯死。亟需找尋B計畫解套的橫石知二，後來在大阪市中央批發市場意外發現，原來紅蔥頭比青蔥好種多了。於是如獲至寶，他買下市場裡所有的紅蔥頭，帶回上勝町種進田裡。

上勝町海拔高、氣溫夠低，種出來的紅蔥頭品質好極了，賣價自然也很漂亮，而且持續一個月都能出貨，短時間內就有現金進帳，令農民驚喜萬分。此後町民又跟隨橫石知二的建議，逐步放膽試種了菠菜、野澤菜和香菇等，最終相繼擴展至二十四個品項的蔬菜，都獲得不錯的成果，讓農村收入逐漸恢復穩定，橫石知二也因此愈受當地農民信賴。

為求長久之計，橫石知二和楊儒門一樣不斷苦思。這個曾經歷經兩次地方產業挫敗（林木業及柑橘業）而頓失活力的小鎮，幾十年間人口大量外流，截至二〇〇〇年，人口已大減了六六％，留下的近半也是年紀在六十歲以上的老人。究竟這裡還有沒有什麼作物的農事工作，是女人、老人都能勝任，又能為他們創造穩定收入的？

《原來漫山的樹葉就是寶呀！

據說，有回橫石知二到大阪出差，在一家壽司店吃晚飯時，剛好聽到對桌有個年輕女孩，對著料理上裝飾用的紅色楓葉不斷發出讚嘆：「好可愛，好漂亮喔！」當女孩萬分珍愛地把葉片用手帕小心包裹準備帶走時，瞬間觸動了橫石知二的靈感。他心想，這種楓葉在上勝町要多少就有多少；並且突發奇想，這有可能發展成一項事業嗎？

橫石知二於是向店員打聽，他們都是跟誰進貨葉子？當時二十八歲的他才頭一回知道，原來和食料理上裝飾用的葉片和花等裝飾物有個專有名詞，叫「妻物」——像個稱職的妻子默默輔佐陪襯自己的丈夫（料理主餐），以彰顯日本人對自然及季節感的注重。結果店家表示，他們其實沒有固定貨源，擺盤所需的妻物，都是廚師自己到山裡採回來的。

像挖到寶的橫石知二更積極了，他多方請教後發現，當時並沒有人在做批發妻物的生意。他心中悄悄打定了個主意——來賣葉子吧。

一開始，當橫石知二興奮地把自己的大發現告訴村民時，大家取笑他，特別是男人們簡直有點不屑，「用樹葉換錢是狸貓和狐狸的童話。」但他沒被打退，足足花了兩年多時間勤做功課，深入研究有關妻物的專業知識和背後所代表的意涵及故事。還好最初有幾位婆婆媽媽，同情橫石知二一股腦的傻勁沿路相挺，才讓他最終得以守得雲開見月明。

漸漸地橫石知二對妻物有了更進一步認識，例如日文發音和「可喜可賀」接近的鹽烤鯛魚、代表喜慶的紅豆飯等與慶賀相關的食物，會以南天竹的葉子裝飾，因為南天竹和「扭轉困境」的發音相近；新年時期會用交讓木（虎皮楠）裝飾食物，是因為交讓木有新葉長成後老葉會凋零退讓的特性，有象徵新舊年度交疊遞嬗的意義……這些看似簡單的樹葉，其實承載了日本料理的悠遠傳統、文化與美學。

《最好的照顧是「不用照顧」

別小看一片葉子，以日本對品質、規格要求的吹毛求疵，過程可想而知沒那麼輕鬆過關。就這樣，橫石知二不厭其煩展開了和農家的溝通：葉片不能有蟲咬、葉尖葉緣都不能有損傷，葉子必須依照大、中、小仔細分類……他甚為此開設了一家專賣葉子的公司叫「彩株式會社」，處理相關業務，從最初四戶農家加入，一路增加到近兩百戶。幾乎是全村動員，大家展開針對樹葉嚴格的栽培研究、品管控制，然後努力推銷到全日本。

一盒樹葉從最初的五日圓、十日圓，最後一盒還可以上看一千日圓。加入供應鏈的老人們個個精神抖擻地工作，自信開朗地說：「找遍全世界也沒有這麼開心的工作呀！」於是，老人們生龍活虎般動員起來，為了搶訂單、管理帳單，大家卯起來學會怎麼使用電腦，誰都不甘願落於人後；於是，賣葉子成了上勝町地方上的一大產業，當時每年可以賣出超過兩億五千多萬日圓（約六千萬臺幣）。

有了經濟自主能力的老人們，創造出自己的價值與尊嚴，每天活得幹勁、活得充實、活得有滋有味，再沒人想到要退休、也沒時間生病（高齡者醫療費用僅有全縣平均的八成）充分印證了「自立是幸與不幸的分界點」，逼得當地的安養院只得在二〇〇七年關門歇業。太勵志了！最後上勝町這個「樹葉變黃金」的故事，不但成了各大媒體報導的好題材，也被拍成感人的電影《多彩人生》（人生、いろどり）在全日本上映。

受到感召，甚至有愈來愈多年輕人回鄉或移居至此，不同世代的町民團結互助，為了延續上勝町的葉子事業，齊心努力。葉子，就是上勝町的「地方DNA」。

《「一朵小花」的效應

這個四國裡最小的一個村落上勝町，彷彿應驗了「一朵小花」的效應般：因為一朵小花，所以清潔桌面；又因整潔的桌面，所以打掃整個房間；最終整條街都變整潔美麗了。到現在，上勝町不但成為「零垃圾小鎮」，回收種類高達十三類四十五種、回收利用率達八〇%以上，不浪費在地的任何資源；同時入選日本「百選梯田」，成為日本十四座「最美村落」之一；在二〇一〇年還被指定為國家重要文化景觀。

▌上勝町獲選「百選梯田」。
／照片：維基資源共享 https://reurl.cc/k71mZ9／作者：Aiko99ann

從此，上勝町除了賣葉子創造的收入，又再加上觀光效應，讓整個町從老耄衰敗的景象，華麗轉身成為「日本最健康幸福的老人之城」、「不怕老的山城」。

美國退休人員協會（AARP）推估，二〇五〇年全球人口將面臨二二％為六十歲以上的結構，與十五歲以下兒童人口數比例產生交叉，老年人口正式超過孩童人口數。多數國家在面對高齡化社會，想的都是採取消極守勢的作為，蓋更多的安養院和長照機構等等，卻少有像橫石知二那樣深深理解老人的。他說：「老年人都希望自己受到認可，想為社會貢獻心力的心情比年輕人更加強烈，不肯服輸。以我為例，我每天都會去拜訪農民，並對他們說：『這是只有你才能做的工作。』」

去年（二〇二二）十月，世界知名的旅遊指南媒體《孤獨星球》（*Lonely Planet*），公布二〇二三年全球最佳旅遊地區，入選的四國獲選十大旅遊城市第六名（臺灣的臺北市第二名喔）。你若是也想到上勝町走走玩玩，可別和多數旅程一樣只是走馬看花，那樣恐怕會錯失了領略在地深厚的人文與地貌風景。

歡迎光臨，來當十天的上勝人！

被日文版《新聞週刊》（*Newsweek*）選為「改變世界的百位社會創業家」的橫石知二，是我景仰的前輩。由他賣葉子的故事所引發上勝町一連串的連鎖效應，不但打破了原子化社區的疏離習性，更帶動地方好還要更好的決心，激勵更多人拋出更多意想不到的創生新點子。

現今上勝町只剩不足一千五百人了，同樣也深受疫情困擾，不得不拒絕原本每年都會有來自世界各地的各種視察訪問，甚至一般遊客也減少了，旅館、土產店等零售商店受到嚴重衝擊。雖然如此，上勝町仍努力透過線上的各種途徑，將町內的各種動態與進程跟外界保持溝通聯繫，希望隨時可以再次翻轉地方。根據《日本時報》（*The Japan Times*）報導，上勝町在二〇二〇年七月正式推出的全新旅遊計畫「INOW」，是個很值得臺灣各個地方借鏡的規劃。

INOW 的前身是「Try Kamikatsu!」，是大家熟悉的一種打工換宿活動，結果受到疫情影響暫時關閉，隔年再啟動時，很自然就轉換成了 INOW 綠色旅遊計畫的概念。INOW 的概念很簡單，其實就是：請以作為一個當地人的方式來體驗上勝町，而 INOW 是每個旅人在上勝町的家。

INOW 綠色旅遊計畫是透過寄宿家庭的模式，不只邀請旅人們來到上勝町遊玩，而是要與在地居民一起作息生活、融入這個「零垃圾小鎮」，體驗真正的「上勝綠色日常」以及生活中的各種嚴謹細節。參與這項旅遊計畫的人，將會在上勝町停留十天，主辦單位會按照節令及個人興趣，在上勝町體驗像是有機農業、採茶、資源回收、藍染研習等各類工作坊和活動，甚至進駐回收單位及零廢棄企業，跟著大家一起輪班值勤。

這種以真實生活體驗、與大自然共感共存，來代替吃吃喝喝、玩樂打卡的深度旅遊設計，讓 INOW 在二〇二一年獲得全球循環經濟設計獎（CrQlr AWARDS）的「美好生活獎」。在此我引述一段《日本時報》對 INOW 的描述：事實上，這項活動另一個引人入勝的地方是，能夠與當地居民在大自然中共度悠然時光。這裡的居民大多過著平靜而鼓舞人心的生活，你可能會花一上午的時間，和對地方事物活躍積極的渡邊淳子在柴火爐子上烹飪午餐，或者花一整個下午與版畫家中村修一起創作藝術並討論哲學……誰能不嚮往呢？

走文至此，見賢思齊之心油然而生。其實我們新北市也有不少類似上勝町這樣的特色地區，也很適合透過深掘地方DNA後，發展出屬於我們自己的INOW計畫，讓我們也能向來自世界不同國家的旅人，驕傲地大聲邀請：「歡迎光臨，請來當大坪林人！」「歡迎光臨，請來當烏來人！」

03

一起吃飯、一起勞動、一起運動——

雲林縣參與式民主協會　陳望達

「是因為九二一；大地震震撼了臺灣，也震撼了原本不願醒的我。

學生時代我就熱衷參與社會運動，結果大學被三二，只好先去當兵。退伍回來後，下定決心不再碰那些事，結果遇上九二一，工作一丟，立刻趕去災區幫忙。

其實當時我是個電視編劇，日子過得也還可以。但在地震救災過程中看到各式各樣的矛盾，讓我陷入社會實踐的迷惘，斯情斯景立刻勾動深埋在內心裡某種的『無可救藥』，便一頭栽了進去……重新燃起年少時的情懷，從此再也回不了頭。」

說起參與式預算與我的淵源，就不能跳過這個人——雲林縣參與式民主協會成員陳望達（化名）。陳望達可以說是臺灣參與式預算智識的先行者，因為臺灣第一個真正落實參與式預算的新北市府，朱立倫市長最初所提出來的競選政策，以及後續的大膽擘劃落實，都是出自他的手筆。而我之所以能夠寫下臺灣第一個落實參與式預算的紀錄，陳望達在我心中，始終有如一盞明燈般地存在。

這段因緣究竟是怎麼開始的？原本從事電視編劇的陳望達，筆下總能恣意撥弄不同角色人生的悲喜起落，為何到頭來自己卻想不開，一腳踩進社會實踐的大醬缸，並成為這條路上的苦行僧，踽踽獨行至今……

思索的黑洞中發現「參與式預算」的光

一九九九年九二一大地震，震醒了陳望達多年來刻意裝睡的激情，震災危急，哪管三七二十一，先衝到災區幫忙再說。忙碌的救災結束，四體一閒，腦子就要鬧革命。救災現場無情的生生死死、蠻橫的光怪陸離，他開始不斷思索環境以及自己陷入的困境。由此，他「進入一段長時間自我求索的過程，問了自己很多問題，其中包括：什麼是民主？」

為了找答案，陳望達開始涉獵跟民主有關的中西方相關文獻，偶然間發現參與式預算的資料，又好奇又驚喜，獵奇般不斷往下深掘。「畢竟，哪有多少政治人物會真心樂意，把自己手裡握有的權力、預算，就這麼大方釋出，讓人民做真正的頭家，太烏托邦了。」

陳望達不但對誕生於巴西愉港的全球首創民主經驗，抱持高度的興趣與關注，還真的大膽在二〇一〇年為原本屈居下風的某位縣長候選人獻策拋計，因為他看準了，「在孤注一擲緊急催票的情況下，候選人什麼支票都敢開」。這，是臺灣把參與式預算納入競選政見的頭一遭，雖然還沒多少人真正認識這顆鑽石的熠熠光芒。

「第二次就是朱立倫市長在二〇一二年，從行政院副院長跳下來競選新北市升格直轄市長的那一次。為了溝通政見推升選情，朱市長出版了一本競選書

《做，就要做好》，在書中末幾頁的〈政見篇〉，就把競選團隊認為頗具有議題性的參與式預算，也放了進去。只不過要下定決心真的去做並不容易，要到朱市長第二個任期，才鐵了心放手一搏，鼓勵大家嘗試參與式預算。政令一出，鼓舞了相當多基層的士氣，最後的結果就是獎落新北市達觀里，之後還有幾位議員相繼加入陣營。這，恐怕也是朱市長那一任期政績當中最大的亮點吧。」

誤把巨人當風車的唐吉軻德們

就在那段時期，陳望達結識了一批同樣在「黑洞」裡尋找社會實踐方向的憤青。這群志同道合的夥伴主要成員共七位、年齡從五十到二十多歲，大家相約每週末聚首，開一整天會討論未來。為求精進也為求同調，他們每週會撥出兩天時間共學，不論長幼、資歷深淺，大家輪流當兩個月的主席，引領討論凝聚共識。陳望達在團隊間，便像是個大學長，經常分享自己的所思所學。

一年多後，大家得出共識，要前進農鄉推動「農業合作化運動」。為了這個遠大目標，這群熱血青年豪不猶豫揮軍南下，前進雲林。

乍到雲林，千頭萬緒，首先展開在麥寮、台西一帶打底的「社會調查」。負責在海線社調的夥伴很快就發現，六輕，這個占地二、二五五公頃、全世界最大的單一石化園區，為當地帶來幾乎是全面性不可逆的長期災難。於是大家決議，讓「發現者」到麥寮蹲點，設法把居民培力起來，和六輕工業汙染抗衡。不過也很快地，這群「唐吉軻德」就會發現，自己誤把巨人當成了風車。

以燃煤為主要動力的六輕，對當地居民造成立即可感的影響，當然就是空汙問題（影響範圍包含農業、漁業等等）。「其實六輕一部分還是燃燒重油和石油焦，汙染的毒素更甚於同樣是燃煤的中火，不只PM二・五，還含有戴奧辛等重金屬。所以在六輕沿海鄉鎮，居民罹癌發生率是全臺平均的兩倍。這個理解激起我們高昂的鬥志，認定了第一階段的活動就是反六輕汙染。」

結果，在彰化有台塑王國「起家厝」地位的老字號石化工廠台化，在二〇一六年十月同樣因為燃煤發電而受到環團施壓，被迫停業停工，造成工人們頓時陷入生活困境。消息傳到六輕沿海，引發居民惶惶終日，因為六輕周邊居民的生計，幾乎都與六輕脣齒相依，不是在六輕工作，就是在六輕的委外廠商上班；更加以，六輕為此還特別成立一個「敦親睦鄰部」，每年撥發麥寮鄉民每人七千兩百元的「睦鄰金」、提供國中小免費的學校午餐與交通車、每人健檢費一萬五千元，全額吸收鄉內路燈電費等等福利；甚至，麥寮鄉有超過八成的地方預算都是來自六輕。這樣的「好康」，甚至吸引不少人移居麥寮，近十年來人口增加約一萬人，一路超越西螺鎮、斗南鎮，成為雲林縣第三大鄉鎮。麥寮縣府官員還曾經對媒體自豪地喊出：「麥寮已經富可敵縣」！

村民作伙來當村長

「這種現象，以學術來說叫『經濟殖民』。」陳望達看清了現實，若執意推動反六輕，恐怕他們自己反而要立刻被打為全鄉公敵。正在舉棋不定的時候，剛巧碰到新北市府的團隊找他討論如何推動參與式預算。像天啟似的，陳望達索性就在新北、雲林兩地，同步展開參與式預算的新民主實驗，只是兩地的作法稍有些不同。

新北市的參與式預算，可以參考我前一本書《公民自習簿》。雲林縣參與式民主協會在雲林推動的參與式預算，作法有點不同，找錢是其次，重點反而在於先找一位願意嘗試創新的里長或村長，因為大家都還沒有實務經驗，必須所有人一起摸著石頭過河。結果，在龍潭村找到了一馬當先的黃詩媛村長。

於是二〇一九年四月，黃詩媛村長就從邀請「村民作伙當村長」拉開序幕。出人意表的是，透過挨家挨戶意見訪查與邀請這樣綿密的前置作業，竟然一舉就吸引了全村三百五十四戶的上百位高齡村民參與第一次會議。至今，協會留有三位成員長期駐守龍潭村，並且獲得當地民眾無償提供一座三合院，作為他們駐點的辦公室兼宿舍。

雲林縣參與式民主協會最初先找當地虎尾溪社區大學合作，從教育部的撥款中挪出十萬元當作經費。「意義不在經費多寡，只怕公民不參與。就這樣，村民們從外人看來根本微不足道的社區大掃除和社區共餐做起，沒人計較自己能花到多少預算，重點在大家能受到鼓舞跨出獨守的家門，一起完成某件事，讓村民對村莊產生更深刻一點的歸屬感。」所以龍潭村的老人笑了、龍潭村的孩童也笑了，從九十歲的阿嬤到小小孩，大家臉上都浮現了暖暖的笑容。

「共餐總共試辦了四次，十萬元經費用罄後，有不少居民主動發起呼籲，希望村長可以續辦共餐。原先囿於人力物力的考量，只想一星期辦兩天，但拗不過村民的熱情，最後改成一週五天，部分靠自費（一餐六十元）、部分靠捐款（北漂的村民），大家自力更生來辦共餐。從此，共餐的經費不但無虞，還結餘了數十萬的基金。」

所以陳望達強調，「農村不缺資源，真正缺的是人心的重新凝聚。有人，就有錢；人是資源的主體，不是資源的奴隸。」共餐帶來的好處實在太多了，從社區情感、長者身心健康、再到落實民主討論，共餐都提供了不論是精神上或實體上非常棒的場域。只是很可惜，目前因為場地問題，共餐活動被迫暫停。

雖然疫情一度打亂了雲林的參與式預算，但疫情趨緩之後，村民們又開始聚攏。由於疫情影響，不易邀請到全體村民召開大型集會進行民主討論，因此協會陸續推展了專為長者設計的「作伙來運動」、「作伙學寫字」等參與式預算活動，設法讓長者們保持起碼的日常凝聚。「這一路感動了很多人，讓村民們想要把所有感動記錄下來，並於二〇二一年初開始籌劃、募款，終於靠村民集體力量，在當年五月讓電子版的《社區大家庭，並肩向前行——二〇二〇年龍潭村參與式預算實踐紀實手冊》正式上線！」

雲林縣參與式民主協會在龍潭村發起「作伙來寫字」活動。增進社區成員的感情與信任，共同打造「社區共好」的環境。

／照片：雲林縣民主式參與協會提供

找回「全村就是全家」的美好莊園

要想成功翻轉大資本將外部成本甩鍋給地方的現況，釜底抽薪，只能靠協助當地復興農漁業來突圍，經濟自主了，才能脫離大資本經濟殖民的綑綁。「要想做到這個，就必須靠組織農業生產合作社來達成，因為有了合作社，才能讓農民免於被盤剝，收入增加。不過這是一條漫漫長路，短期間很難看到成果，關鍵就在於，現代人都已經『原子化』了。」（每個人都是一顆「原子」，無法形成組織化力量。）

目前農業產銷從大中小盤到通路，盤剝率平均占了終端零售價的六〇%；也就是說，我們到通路上購買農產品，其中六〇%大多都是付給了盤商。雲林縣參與式民主協會推動農業合作化的目的就在於，「要把小農組織起來、團結起來、默契起來，一起合作生產免於盤剝。最終的理想是，把那長期被剝削六〇%的價值，至少二分之一還給農民，另一半還給消費者。」當然，農民合作化的面向非常多，這只是這個協會團隊的第一目標。

經團隊觀察，長期以來維持鄰里和諧的小農們，在市場上的實質關係始終仍停留在競爭階段，並不如外界一廂情願認為的「滿滿草根溫情」，所以技術會彼此藏私、利益是相互矛盾，始終無法免除被盤商剝削的命運。「在資本主義尚未大舉入侵農鄉之前，農業傳統裡的『交工文化』、『水利文化』和『起厝文化』，都是支撐傳統農業社會的重要支柱，不論農忙期間、興修灌溉水設施，甚或農戶修繕蓋屋，都需要靠彼此相互合作馳援，互為彼此的農工，以補勞動力不足的缺口。這種文化，類似現行志工制度的『時間銀行』及『勞動銀行』，先付出時間及勞務增加『存款』，一旦自己有需求時，便可以向『銀行』提領，這正是農民相互依存的體現。」

在農村共同體的美好年代，不論是經濟上的勞動生產、生活中的婚喪喜慶、乃至看顧教養下一代，全部都必須靠全村團結互助才得以完成。一如非洲諺語所說的：要照顧一個小孩，需要一整個村莊；我們以往則留有「吃百家飯穿百家衣」的舊俗。「這樣的農村才守得住組織結構與人情味，那個時代，根本沒有所謂的『線性親子關係』，因為『全村就是全家，你的孩子就是我的孩子』。」陳望達禁不住懷想起孩童時期田間野馬（閩南語，指不受拘束的人）、林間冒險的童年生活。

確實，現在不論城鄉，家庭都解離成獨立的大原子、個人則成為小原子。我們還有機會讓已經解離的農村，再回到團結互助的莊園嗎？「我就是要用參與式預算，成為那股凝聚的動力；但這股民主的凝聚力終究有限，所以必須回歸到農業生產合作社才是治本之道。」

生產合作社的大藍圖

生產合作社將會是所有村民的經濟基礎，他們對此有明確的定義與規範：

1、必須以農地或農機入股，不採現金入股；入股後，這些資材都變成合作社的共有財產。

2、社員全體民主共同經營，每位成員的投票權等值、所有社務都須經共同討論後決定。

3、必須集體勞動，為社務的討論奠定下對等的基礎。如此一來，才能達成真正的凝聚效果，並將生產合作內化為生活的一部分，讓生產共同體進一步提升為生活共同體。最後的集體收益，則按占股比例及勞動時數來分配分享。

這是陳望達團隊規劃的康莊藍圖，更是奮鬥的目標。雖然目前離這個目標還有一大段路要走，其實嚴格來說，才剛踏出第一步：田間訪談，但他們相信，只要透過參與式預算（透過民主凝聚，建立人際關係的基礎）及生產合作社（落實經濟共同體機制，修復疏離的社區意識）這兩條路徑前行，待大家漸漸養成民主討論的習慣與文化，能夠敞開心胸相互對話之後，便是合作生產的開始，也是新農村的誕生。

「一起吃飯、一起勞動、一起運動」，可以說是陳望達團隊在推動民主活動日常化最有效的三部曲，因為唯有透過這樣家常而綿密的接觸，禁錮已久的人心才能夠被打開。這不正是我們常說的「開心」嗎?心開了、開心了，接下來所有關於建設社區共同體的討論，才能在歸屬感的驅使下，真心願意投入。

「一起吃飯、一起勞動、一起運動」，有了這樣的基礎，接下來才可能創造出更多的「一起」，盡可能把更多冷漠的人、疏離的人，都圈進這個小圈圈。所以陳望達強烈建議，參與式預算「其實僅適合小範圍去執行，最好不要超過一村一里，或選在非集合式住宅的地區；先不必考慮都會區，這些地區原子化根深柢固，都市一定是最後被解放的。」確實，圈子愈大，愈困難凝聚。

「現代人太寂寞。」陳望達舉英國及日本為例，原子化的社會走到盡頭，連寂寞、孤獨都成為社會病，需要靠政府成立「孤獨大臣」，協防整個社會因此自殺率及犯罪率不斷攀升。我衷心期盼，臺灣這個蕞爾小島可以在像陳望達團隊這樣的人的努力之下，從「全村就是全家」，有那麼一天走出「全國就是全家」的康莊大道，「故人不獨親其親，不獨子其子，使老有所終，壯有所用，幼有所長，矜寡孤獨廢疾者，皆有所養」，不再有孤寂之人。

延伸閱讀

《解剖孤獨》

人際間肢體與心智的交流互動，是建立信任與社會機制很重要的基礎，因為人屬於群居，以滿足我們生理、安全、社交、尊嚴的不同需求。雖然人終其一生來去仍逃不過獨行踽踽，但一如英國玄學派詩人約翰．多恩（John Donne）曾寫下的：「沒有人是一座孤島。」（No man is an island.）畢竟，來去之間，我們還有一段人生路要走，這一路都有賴他人的看顧。

為了進一步了解人類孤獨的面貌，英國廣播公司BBC在二〇一八年，聯合了曼徹斯特、艾克斯特、布魯內爾三所英國研究型大學，以及醫學主題博物館暨圖書館Wellcome Collection，共同展開一項針對全球兩百三十七個國家和地區、五．五萬人參與的「BBC孤獨實驗」線上調查。之後，BBC並將這項調查製作成名為《解剖孤獨》（*The Anatomy of Loneliness*）的三集系列節目，於該年十月分播出。

BBC透過這項全球最大規模有關孤獨的調查結果發現，有五項結果顛覆了我們對於孤獨的想像：

1、年輕人比老年人更孤獨；

2、短期孤獨有積極作用、長期則增加憂鬱的風險；

3、孤獨的人社交技能並不差；

4、冬天不比其他季節孤獨；

5、常感孤獨的人更有同理心。

隨著科技愈人性化、人性愈原子化，有的人漸漸把孤獨和自由掛上連結，有的人則標舉孤獨的力量。孤獨，現在究竟在人類社會扮演一個什麼樣的角色？

《疫情讓更多人出現「孤獨病」

或許短暫的孤獨感，對於人的意志有提升的效果，但近年來有愈來愈多人認為，常態性孤獨已成為一個社會問題、一個公共健康問題，甚至是一種全球流行病。美國信諾保險集團（Cigna）醫療長道格拉斯・尼米賽克（Douglas Nemecek）具體指出：孤獨，就像每天抽十五支香菸一樣有害健康。根據英國國家統計署（ONS）的一份調查發現（二〇一六～二〇一七），年輕人比老年人更感到孤獨，這結果也呼應了BBC孤獨實驗的結果；該數據顯示，十六到二十四歲的英國年輕人，有高達一〇%「總是或經常」感到孤獨，這個比例不但是各年齡層最高的，並比六十五歲以上老人組高出了近三倍。

英國前首相梅伊（Theresa May）因此有感而發：「孤獨，是我們這個時代最大的公共健康挑戰之一。」並將這個挑戰拉到了國家戰略的地位。當時英國有超過九百萬人經常感到孤獨，而孤獨對個人或社會的潛在代價都非常高，包括造成嚴重的身心問題，像是憂鬱、焦慮、心臟病、藥物濫用和家庭虐待，甚至自殺或過早死亡。於是梅伊在二〇一八年四月任命了體育和公民社會事務大臣克勞奇（Tracey Crouch），擔任全球首位的「孤獨事務大臣」（Minister for Loneliness），冀望透過建立跨政府部門的團隊以及制定全面政策，來解決英國的孤獨問題。

無預警地，二〇二〇年全球突陷新冠肺炎風暴，多數國家彷彿「被動原子化」，進入不同程度的封城或隔離，不但重創經濟，更讓許多人「宅到要瘋掉」！根據哈佛大學一份《美國的孤獨》（*loneliness in America*）的報告顯示，大約三六%的美國人在疫情大流行之後，感受到「嚴重的孤獨」（**serious loneliness**）；這個族群當中，年齡介於十八至二十五歲的年輕人占了六一%、而五一%是育有幼童的母親；其他四三%的人則表示，疫情爆發以來覺得自己更加孤獨了。

而在亞洲，日本在二〇二一年二月突然跟進英國的腳步，任命坂本哲志擔任首屆「孤獨和孤立事務大臣」（Minister for Loneliness and Isolation），試圖回應二〇二〇年新冠病毒肆虐下自殺人數來到兩萬一千零八十一人（日本厚生勞動省），這是自二〇〇九年金融海嘯以來，首度出現攀升的警訊；這數字比二〇一九年的兩萬零一百六十九人，增加了約四．五%；其中，女性及學生人數明顯增加，小學、初中和高中生自殺的人數為四百七十九，更是一九七八年開始統計以來，人數最多的一年。澳洲則在同年十一月，也表示有意跟進，想在政府設立類似的專職（四分之一的澳洲人表示感到孤獨）。

英日兩國的「孤獨大臣」，還特地在二〇二一年六月英國的「孤獨意識週」期間，舉行首次線上會議。他們相信，應對孤獨是一項重要的國際挑戰，需要大家聯手出擊，並且同意彼此將從以下三方面深化合作：

1、定期舉行部長級和行政級會議，分享經驗並尋求進一步合作；

2、分享關於孤獨措施和政策的相關知識；

3、並肩呼籲國際社會提高對孤獨的認識。

融入社會不表示不會孤獨

艾默利大學（Emory University）的副教授、日本醫學人類學家小澤千佳子—德．席爾瓦（Chikako Ozawa-de Silva），在二〇二二年十二月剛出版了一本《解剖孤獨：自殺、社會聯結及當代日本人際關係意義的探討》（*The*

Anatomy of Loneliness：Suicide, Social Connection, and the Search for Relational Meaning in Contemporary Japan，暫譯），專書探索「孤獨」這個議題。她說：「根據我的長期研究發現，我所看到的不僅僅是一個人或少數人的孤獨，而是一個社會的孤獨；這是一種讓人感到被忽視、不被關注和不受重視的社會：孤獨的社會。」

「這個牽涉一個人心理、認知，以及內在社會、文化和關係的複雜問題。」席爾瓦長期研究網路集體自殺，她認為這些死亡大多起因於「嚴重為生活所困、失去生活價值、極度孤獨，以及與他人缺乏聯繫」。並非如一般日本媒體所宣稱的，「一種無意識和衝動的行為」。

人類打從一出娘胎，就懂得感受到所謂的「孤獨」。很多時候我們會發現，當嬰兒哇哇大哭時，只要有人伸出手臂緊緊環抱住他們，娃娃便奇妙地秒收淚水，立即安然入夢。那雙手臂對娃娃代表的正是，「別怕，你並不孤單」的溫暖與安全感。顯見，人類對社會的需求是埋在DNA裡的一個重要符碼，與生俱來就害怕被遺棄、害怕不被需要。

透過研究線上自殺討論區及訪談大學年齡層的年輕人，席爾瓦發現，孤獨是伴隨著「不被需要」和「缺乏生命意義」反覆出現的一種主觀體驗，孤獨的人會透過強烈的「需要被需要」（need to be needed），來表達對孤獨的抗拒與恐懼。此外，感覺「沒有受到照顧」，同樣也會引發孤獨感。席爾瓦舉日本被稱為「嫁給公司」（corporate marriage）的「終生雇用制」為例，這種社會文化「一旦把成員視為只剩工具價值的時候——僅僅是生產者和消費者，這些成員就只會透過自己的生產力或績效來看待自我的價值。」這同時也表示，人一旦失去工作、失去經濟能力，就會找不到自己存在的意義。所以可想而知，疫情過後，人心因為失業、因為通膨而形成的空洞，勢將引發新一輪的「孤獨潮」。

「社會，意味著人們在一起生活、參與社會活動；『融入社會』則意味著不孤單，但這並不意味著一個人不會感到孤獨。有些社會讓人感到被關心、有連結，逐漸建立起一種穩當的歸屬感，也有些社會則剛好相反。每個社會都位居這個光譜上的某個位置，但隨著社會不斷發展，愈來愈令人擔憂的是，多數社會似乎在朝著孤獨社會的方向發展。」

我們不要「鑰匙兒童」與「電視老人」

根據德國安聯集團（Allianz SE）發表第十二期《全球財富報告》顯示，臺灣家戶人均淨金融資產在二〇二〇年底達到創紀錄的新臺幣三百八十一萬元，是亞洲第二富有，僅次於新加坡，國際排名第七。顯見臺灣人變有錢了，但我們的心有跟著一起富起來嗎？

以往，為了追逐家庭的經濟成長，雙薪家庭父母每天早出晚歸地打拚，社會出現大量的「鑰匙兒童」；現今，少子化了，兒童受到一定的關注與重視，鑰匙兒童大多被送進安親班，但父母的工作壓力有增無減，於是社會開始出現大量「電視老人」。「電視老人」可能每天長時間開著電視生活，明明眼也花了、耳朵也背了，但電視裡會有人聲、有人影，吃飯時感覺有人才食之有味些，就寢時感覺有人才睡得安穩踏實些。

孤獨經常不是一種選擇，更常是被強加在身上的一種現實。例如因為屆齡退休、所愛的人離開、因為健康問題失去獨立自主的能力等等，都會讓孤獨的人漸漸遠離人群，躲進只有自己的角落，愈孤獨愈走不出去。身邊有一個理解你、陪伴你的人，強過臉書上一百個只會按讚的臉友，但現代人之於臉書，相當於癮君子之於菸癮。然而因為怕寂寞而進入臉書世界的人，經常因為臉書上大家拚了命營造的「精采」，反而更寂寞了。

五六七八九年齡實驗室在二〇二〇年中的一份「臺灣銀髮孤獨感暨各縣市銀髮孤獨指數調查」顯示，孤獨指數最高的縣市，恰巧便是陳望達團隊進駐的雲林縣。這群孤獨的銀髮族大多「自己吃飯、自己過生日、自己倒垃圾、自己去醫院動手術、渴望陪伴、認為自己寂寞」。再往後延伸，就會碰觸到我們不忍面對的「孤獨死」議題。

透過席爾瓦對於日本社會孤獨的剖析與內省，我們可以更進一步理解，陳望達之所以急於打破原子化社會的初心。令我特別感動與印象深刻的是，他們並沒有透過複雜的手段或勸募、動員大量資源找到解方，他們不外求預算挹注、不外求精神馳援，反而自食其力，走出了一村一里參與式預算的

04

在預算中
看見相互守望的愛——

新北市議員 洪佳君

也許從其他管道根本爭取不到這樣的機會，為了讓一群「永遠長不大的孩子」圓一個可以親水運動的夢，社團媽媽們不管水鴨子旱鴨子，個個全副武裝下場親自陪游；然而身心障礙的孩子大多肢體協調不足，池水中時不時就會浮出一條一條的糞便。

為了讓孩子與家長都能安心上課，只要發現大便浮出水面，年輕的教練們，連想都沒想，總是以迅雷不及掩耳的速度徒手將糞便撈除！

「教育平權」、「運動平權」，怎可能只是騰出個水池就算功德圓滿。

二〇一五年我第一次試辦達觀里參與式預算後，只要和佳君碰到面，我們就有聊不完的話題，她永遠是我談參與式預算時的最佳聽眾；只不過這話題，很快便從「參與式預算一君」，變成「參與式預算二君」，因為坐而言，永遠比不上起而行來得痛快。緊跟著在二〇一六年，佳君也展開了屬於她自己的參與式預算。

佳君最津津樂道的，永遠是她的第一次：樹林區東昇里、總預算六十萬元的參與式預算。這個第一次太過美好，讓她一發不可自拔，一直到今天的樹林高鐵綠廊道兩百萬參與式預算，樁樁件件，只要能套入這個模組的專案，一個都不願意放過，幾乎就要成為「骨灰級玩家」了。

「你知道多有趣嗎？一般不都學校提的案子就是想學校需要什麼，里民提的案子就看里民還欠些什麼嗎？結果不是這樣，我們看到的竟然是：學校觀察到的是，校外公園還可以兼具治安守護的角色；里民看到的則是，校園裡有必要舉辦『普篩級』的反毒教育。這種守望相助，豈不是太可愛了！」佳君的參與式預算除了公平正義，還有濃濃的鄉里之情！

小小「預算公民」、大大參與精神

二〇一七年四月，我和佳君聯袂前往紐約市取經，除了拜會領頭紐約參與式預算的市議長馬麗桃（Melissa Mark-Viverito），還拜訪了紐約第三十八選區市議員萬齊家（Carlos Menchaca），分享交流彼此推動參與式預算的經驗。我們甚至和萬齊家一起走上街頭，分發參與式預算的文宣資料。剛好佳君也帶著她的兒子自費一道前往，這麼臨場生動的體驗，相信必定給了這個小小世界公民，上了最扎實的第一堂民主見習課。

拜會過程，因為紐約市民滿十一歲便有參與式預算的投票權，讓萬齊家禁不住好奇問佳君當時還在讀小六的兒子：如果你也可以決定政府的預算該怎麼花，會有什麼感覺？頗具素養的小六生回答說：我會覺得我的意見受到重視。萬齊家立刻點頭開心地笑說：沒錯，這正是我們要給市民的實質與感受。

其實一開始我們就有個共識，參與式預算要往下交棒，就要交到二十幾歲的年輕人手裡；要教育，就該從國中小開始教起，讓孩子們盡早接觸、參與。

所以佳君的參與式預算，滿十四歲的國中生就已經是合格的「預算公民」，擁有提案權和投票權。像育林國中，便在第一屆的提案當中，提出了兩項訴求。

《東昇娃娃垃圾桶，一秒變身警報系統

熱情活潑的國中生，對於人生第一次像個大人般參與公共事務，每張臉都充滿了新鮮的雀躍，眼睛透射出好奇與期待的光。佳君特別印象深刻的是，在審議工作坊階段，提案人必須齊聚一堂，透過一方小小講台，向台下列席的專家學者、公部門單位以及各位鄉親，簡報說明提案的主旨、目標，以及一筆對他們來說不算太小的錢打算要怎麼花（每一案二十萬元）。

「大人們都很正式地擬好講稿，有的製作了海報、搬來道具，真的就像在發表政見。國中生們彼此交換著鼓舞的眼神，準備漂亮一擊。結果一上台，展開的是有聲有色的行動話劇，輕快的節奏立刻抓住大家的眼睛。」

國中生的提案對象不是校園裡缺了哪些設備、漏了哪些照顧，而是校外緊鄰的公園，那一座以星際探險為主題、平日阿公阿嬤帶著小金孫遊樂休憩的共

我和佳君（右四）隨同萬齊家議員（左三），在紐約街頭散發參與式預算的文宣。

／照片：陳儀君提供

我和佳君（左二）以及十一歲的小小世界公民（左一），一同在紐約三十八區的一個參與式預算投票站，共同見證民主蛻變的過程。

／照片：陳儀君提供

融式公園。「國中生們認為，為了讓老的小的有個讓人安心的遊樂場，可以在公園增設太陽能遮雨棚，不但能提供無線網路、遮蔭避雨、加裝緊急求救鈴等，還兼具綠美化功效；另一案則是，設置能讓垃圾分類更有趣的對話型垃圾桶，只要有人投入垃圾，桶身便會出現『感謝您維護環境整潔』等語音，鼓勵大家做好垃圾管理。」

沒想到，歡暢的行動劇才一鞠躬下台，嚴謹的評審立刻潑來一大盆冷水，因為新北垃圾不落地，公園一律不設置垃圾桶。「這個回饋來得有點措手不及，孩子們對公務規範畢竟還是生嫩，篤定的表情一下子凝在半空中。」台下的佳君不免擔心，孩子們啼聲初試的自信與雀躍是不是要大受打擊了？

超乎佳君的想像，國中生們在帶隊老師的鼓舞下，很快穩住情緒、重新定調訴求，在第二輪提報時，把東昇娃娃垃圾桶改成了，有緊急按鈕的東昇娃娃通報系統。這個急轉彎完全不參雜半點老師的意見，佳君看在眼裡，對國中生們能迅速收拾心情逆風轉舵，不禁在心中擊掌叫好，大大刮目相看。聽佳君這麼說時，我腦中浮現充滿希望的「種子」兩個字，心裡則暖暖的。

後來執行投票結果，這個臨場應變保住的東昇娃娃，竟獲得里民最高票的支持。至今來到東昇公園，依舊可以看見，穿著育林國中制服的東昇娃娃，多年來始終站在公園的一隅，不分晴雨守護著這座小小公園。相信，這會是當年參與的國中生們，與鄉里最深刻的連結。

「永遠長不大的孩子」要長大

然而身障團體的加入，更是深化佳君老實服務的一個契機。

站在公園一角，陪伴大家的東昇娃娃。

／照片：洪佳君提供

同樣身為母親的佳君，每次想起這段經歷，總忘不了帶著一群「永遠長不大」的孩子的社團媽媽們。這群辛苦拉拔辛苦孩子的辛苦媽媽，不論是集體討論或在工作坊簡報，永遠從出現的那一刻起，無不時刻戒慎恐懼，小心翼翼孩子不知哪時候出現棘手的突發狀況，更深怕打擾到其他人。

但她們同時也韌性堅強。縱使有各種羈絆、各種為難，社團媽媽們也不願放棄為孩子發聲的機會，要透過參與式預算的機制，與其他提案公平競爭，爭取相同的尊敬與支持、爭取讓孩子再多一點成長的機會。這份不捨不棄的愛與用心，肯定是要獲得多數人認同的，於是孩子們的暑期游泳課，如期在樹林國民運動中心展開了。

當然，這勢必將是另一項挑戰的開始。

徒手撈大便的強大同理心教練團

但過程超出了佳君團隊想像的框框。

為了讓這群孩子能夠親水運動，運動中心在熱門暑期檔特意排出專屬的時段；不管水鴨子旱鴨子的社團媽媽，個個全副武裝下場親自陪游；然而最令人動容的則是，就算徒手撈大便也面不改色的幾位年輕教練。

身心障礙的孩子大多肢體協調不足，池水中時不時就會浮出一條一條的糞便。為了讓孩子與家長都能安心上課，只要發現大便浮出水面，教練們都以迅雷不及掩耳的速度徒手撈除。教練們之所以毫不遲疑，是因為他們的同理大過對骯髒的恐懼。

已經做到這樣了，教練們仍舊擔心做得不夠、做得不對，於是佳君請來臺師大特殊教育系主任姜義村教授親臨指導。為了有效落實「運動平權」，大家開會集思，會議中定下一項三年計畫，應此而生的教案，不但成為體育署的典範，還成為了全臺第一套符應課綱適應體育的教材，讓特教及體育老師可以共同合作，設計出適合各種身障程度的課程及運動，讓每個孩子擁有運動的權利。

沒想到，姜義村教授為了協助孩子們，不但自己撩下去親陪他們玩三鐵，更在日後主動發起「愛運動，動無礙」計畫，建立陪跑、陪騎系統，打破身障運動的限制。這扇門打開後，吸引許多產官學的加入與支持，記得在媒體上曾看到教授開心地感謝：「三鐵運動服上的 LOGO 都要放不下了。」

看到姜教授帶領著一群身障朋友，努力克服肢體、聽覺、視覺上的困難，奮力在水中游泳、逆風騎自行車、揮汗一個跨步接一個跨步地長跑，心中便不禁油然響起，一九八一年英國奧斯卡電影《火戰車》（*Chariots of Fire*）那充滿光風霽月的經典主題配樂——Chariots of Fire。二〇二〇年姜義村教授在接受媒體訪問時曾這麼說：「我們滿貪心的，希望能三個願望一次滿足，所以我們就選了鐵人。重點不是讓他們參加奧運距離、競賽型比賽，而是讓他們參與民間主流賽事……」

是，姜義村教授的初心非常明顯，為的就是要讓身障朋友可以藉由運動，一方面展現自我的毅力，另方面又可藉此融入社會。這一路的發展，真是超展開的！

▍參與式預算，讓身障孩子們更有機會打破身障運動的限制。

／照片：洪佳君提供

爸爸最後的欣賞與祝福

其實走到這裡，已經讓佳君感覺有些不那麼真實了，她自認為釋出少少的預算，竟可以收獲如此豐盈的回饋，每一次都讓她驚喜得想雀躍。然而她與東昇里參與式預算還有另一項更深刻的連結，那就是，爸爸。

為了邁出穩當的第一步，為後續推動的政策樹立標竿，佳君需要在關鍵時刻，有位百分百默契以及百分百信任的里長協助她。剛好佳君的爸爸是位服務鄰里二十多年的里長伯，這個絕對可以同心一氣推動新政策的夥伴，除了爸爸，不作第二人想。令佳君特別感動的是，她竟因此意外把握住了父親生前的最後一段時光，父女攜手踏出漂亮的新政起步。

這個過程中，她很開心讓爸爸看見，自己如何承襲了他基層服務的行動能力，同時也讓爸爸看見，年輕一輩的她，又如何採取了不一樣的作法，服務基層。這份永遠存在這對父女檔心中的欣賞與祝福，是佳君參與式預算中留下最美麗的印記。

而我，也從佳君的分享中發現，參與式預算的重點不在預算金額有多高、執行地區規模有多大、創造出來的媒體關注效益有多深，小而美的參與式預算反而有可能更細膩深刻、更貼近生活真實。所以任何人不必囿於職位高低、握有資源多寡，在學校、在企業，甚至在家裡，都可以來辦場參與式預算，或許你會驚喜發現，這朵因分享和參與而「盛開的花」，竟可引來你想都未曾想過的蝴蝶！

家園永遠是大家的家園

這樣說來，「鶯歌陶瓷博物館」正是已歷經了兩次蛻變，逐漸羽化成蝶的一隻蝴蝶吧。佳君為了配合，新北市府所規劃的五條美學廊帶之一「紅色陶寶——三鶯文化廊帶」，推動「三鶯文創整合計畫」，首先在二〇一九年以「鶯歌陶瓷產業提昇」為目標，偕同鶯歌陶博館，向當地的廠商和市民，公開徵求針對陶博館的參與式預算提案，結果「搔首弄姿鶯歌燒」一案，從九項提案中脫穎而出；隔年，並在「鶯歌藝術季」中辦了一場有聲有色的「陶藝服裝創意大賽」，廣邀全國服裝設計相關科系的學生，一起天馬行空把陶藝和織品跨域結合，穿上身；二〇二一年以「鶯歌文化推廣活動」為主軸，再度廣發英雄帖，熱邀民間高手演繹鶯歌的風土人情，結果「出走（出去走走）的陶博館」、「鶯歌囡仔娶媳婦」兩案分列一、二名。

雖然陶博館參與式預算的金額都不算高，二〇一九的總預算僅三十萬元、二〇二一則是每案提供十萬元執行費，但對於打造標誌地方特色文化「鶯歌燒」這個品牌而言，最珍貴的始終還在於市民的參與，以及在地的意志；這個品牌，也因為如此的過程，才不致只剩下標案金額的算計、只剩下與某些人才有關的距離感。

以「陶藝服裝創意大賽」為例，主辦單位最後總共收到兩百九十四件來自各地學生的參賽作品，然後從中挑出二十件入選作品，以活潑有趣的走秀方式展現在所有市民面前。這樣的參與式預算，一方面搭起了讓年輕人的才華被看見、被肯定的舞台，另方面又創造出讓市民深度參與地方營造的機會，而三贏

「搔首弄姿鶯歌燒」從九項參與式提案中獲選；隔年，全國服裝設計相關科系的學生，將陶藝和織品跨域結合，在「鶯歌藝術季」中辦了一場有聲有色的「陶藝服裝創意大賽」。

／照片：洪佳君提供

的最後一方當然就是公部門啦，還有什麼比公私一起努力，將擁有悠久歷史陶瓷產業的鶯歌地區，打造成新北藝術城，還要更令人感覺振奮與溫馨的。畢竟，家園永遠是大家的家園。

我相信，只要鶯歌居民認同，陶博館將會持續透過參與式預算，朝不同面向蛻變下去。一如佳君自我剖析的，她之所以深深著迷，正是因為參與式預算給大家架設了一個平等對話的平台，讓她脫下傳統政治人物的外衣，而開啟更多元的傾聽、觀察、討論以及參與；參與他人的生命歷程、參與他人的生活點滴。如此，她認為自己才算是真正走出了有感覺的從政之路。

延伸閱讀

《小，是我故意的》

我自己在執行參與式預算時，初初其實不那麼清楚意識到，究竟該撥出多少預算金額讓公民參與，才是最適當的規模。在經過佳君分享的過程中，這問題才漸漸浮上心頭，讓我想起曾經看過的一本書，鮑・柏林罕（Bo Burlingham）所寫的《小，是我故意的》（*Small Giants Companies That Choose to Be Great Instead of Big Revised and Updated with New Chapters*）。

柏林罕在二〇〇三年突然發現，美國企業界出現一股很奇特的現象：有部分企業竟然有志一同，都表明了不想不斷擴大規模成為大型企業，只想成為「很棒」的公司；寧願把力氣花在怎麼給員工、顧客、供應商等利害關係人，帶來正面而深刻的影響，而不想一味討好股東。所以當這些公司遇上成長與擴張的好機會，採取的作法竟是——斷然拒絕。所以他在書中深度分享了十四家「拒絕長大」的企業。

因為「甘心」所以不需要「野心」

為什麼呢？就像作者在那本書的序言標題所彰顯的：誰說企業一定要成長？事業不斷追求成長、為成長而成長，資源、專注、用心與溫度都分散了，與員工只剩下績效、與顧客只剩下營收、與供應商只剩下成本，誰還會記得誰的名字、誰還會在乎誰的去留？

這些追求不同價值的企業，他們評量自己成就的那把尺不是銀行帳戶裡的數字、不是股價撐起了多高的公司市值，而是他們做了哪些改變與創新，像是建立蓬勃朝氣的企業文化、擁有快樂的員工、採取開放式的管理，以及和事業夥伴與供應商們透過相同價值觀，而保持健康友好的關係。他們選擇成為傑出的企業，而非大企業。

柏林罕出書至今快二十年過去了，他並不是把書出一出、漂亮話說一說，搏個好名聲就結束比賽。他為了表達對這個理念的重視，並延續這樣的創業精神，特地在網路上成立「小巨人社群」（Small Giants Community），為讀者持續追蹤，那些當年被寫進書裡的小巨人企業，各家後續的發展，以及新加入小巨人陣容的新創企業，分享他們的故事。同時這個社群平台也與全球知名媒體《富比士》雜誌（*Forbes*）合作，從二〇一七年開始，選出前一個年度表現卓越的二十五家小巨人企業，加入小巨人名人堂的行列。

這讓我愈來愈相信，把小巨人這種精神和方式運用在參與式預算或是服務選民，也會是一種特別好的態度，因為凡事若只存做大的「野心」，很容易就會變成出柙的虎兕，初心變調、急功近利，最後自然要走向無所不用其極的唯利是圖。而情願做小的「甘心」，則會給人帶來靜定與毅力，不躁進、不托大，如老僧入定專注在每一個腳步、面對的每一個人，最終得以守住最核心的價值。「量變引起質變」，不論用在具象的物理現象還是抽象的人心幻變，都可以說是顛撲不破的真理。

以企業成就榮耀祖國

我們舉被列入二〇二〇年「小巨人名人堂」的阿祖爾（Clase Azul

Tequila；Azul 西班牙語「藍色」的意思）龍舌蘭製酒公司為例。這家成立於一九九七年百分之百的墨西哥企業，創辦人是現任執行長阿托羅．洛梅里（Arturo Lomeli）。相信只要是愛酒人士，應該少有人不知道阿祖爾這個酒界響噹噹的品牌。

阿祖爾主要生產的龍舌蘭酒（Tequila）和梅斯卡爾酒（Mezcal），向來最為人津津樂道的，不單是曾經榮獲世界烈酒大賽金牌獎的美酒，他們裝酒所用的手工陶瓷酒瓶，更是精美得猶如藝術品，大家總喜歡以「史上最美的龍舌蘭酒」，讚揚阿祖爾。那些陶瓷酒瓶，每一支都出自墨西哥當地工匠手工繪製，此舉不但標舉了對墨西哥文化的尊崇，同時拯救了當地的工匠文化。而這一切的出發點，應該與阿祖爾的企業宗旨息息相關：頌揚墨西哥文化和藝術的魔力，同時透過積極參與社會改變每個人的生活。

公司總部設在美國舊金山的阿祖爾，陶瓷酒瓶則都是拉回家鄉，在人口僅一千七百五十人的墨西哥山區小鎮聖瑪麗亞坎切斯達（Santa María Canchesda）生產。每支酒瓶全都採用馬薩瓦（Mazahua）人古老的手工技法，從製模、拋光、上光、手繪到烘烤，得花上至少十一天的工夫來製作。甚至連裝酒瓶的木盒，也一樣不遑多讓。

根據《富比士》的簡介，阿祖爾酒瓶廠的一百八十名員工中，約有八〇%是沒受過多少基礎教育、在貧困中長大的女性。阿祖爾為了照顧員工讓大家無後顧之憂，每天提供員工兩餐免費的伙食、交通車、日托中心和學費等等。此外，阿祖爾還成立了一個基金會（Fundación con Causa Azul），教導工匠們如何將手藝變成一項生意，除了鼓勵大家進入當地大學學習商務課程，也透過公司與酒店的合作關係，協助他們將創作的藝品成功打進酒店的展售平台。

阿祖爾每年都會和不同的墨西哥工匠合作，打造限量版的龍舌蘭酒酒瓶及酒盒，他們在當地不算大的工廠，卻活絡了整個小鎮的地方經濟。

《花十四年釀造一款經典

洛梅里曾向媒體坦承，其實他的第一款龍舌蘭酒既廉價又粗糙，包裝的圖騰正是大家再熟悉不過的墨西哥傳統風格：一頂尖頂寬邊的草帽，下面再撇上兩撮如八字的翹鬍子。為了擺脫這股土味，替產品打造全新的魅力，洛梅里下定決心重回校園，攻讀奢侈品行銷碩士學位，以提升品牌定位。他很快就明白了，獨特包裝與高品質產品兩者相得益彰時，最能創造出相乘的價值。毫無疑問地，他自然也選擇了放棄一開始薄利多銷的經營模式：「我們開始考慮排他性，盡可能為那些真正欣賞我們產品的消費者，提供最好的服務。」

根據美國蒸餾酒協會（Distilled Spirits Council）二〇一七年的數據顯示，過去的十年，美國高級和頂級龍舌蘭酒的銷量激增了六七％。這個起漲點，恰恰好是阿祖爾轉型，在二〇〇七年推出一款瓶身用二四K金打造標籤、用銀和純鉑手繪龍舌蘭浮草雕及其他裝飾、深琥珀色瓶身的 Clase Azul Ultra 的時候。可以說，已經準備好了的阿祖爾，它的崛起是剛好碰上天時地利人和的好時機。

Clase Azul Ultra 這款酒，從龍舌蘭田到把酒裝進酒瓶，共歷經了十四年的旅程（一支酒瓶光製作就得花費四十天），然而這原本只是洛梅里想在龍舌蘭酒界攪動一池春水嚇嚇大家的產品呀。當年這款酒只生產了一百瓶，五十瓶留在墨西哥（售價一千兩百美元）、五十瓶供應美國市場（一千七百美元），不想一炮而紅後竟歷久不衰成為經典款之一。當時曾有媒體報導，阿祖爾承諾會將銷售這款酒所得利潤的三分之一，捐獻給墨西哥哈利斯科州（Jalisco）各社區的慈善機構。

根據最新的評比，目前阿祖爾最貴的龍舌蘭酒是十五週年紀念版的酒，一瓶要價三萬美元（現約九十萬臺幣），這價位同時也是世界排名第三貴的龍舌蘭酒；每年各地區仍舊採取限量配售的策略，讓產品更加物稀為貴。近年來，阿祖爾開始嘗試擴大品牌影響力，他們開設了精品店，讓產品線發揮更好的綜效，從原有的核心能力陶瓷器向外延伸，與米蘭的歐洲設計機構合作，設計燈具、鏡子和其他產品。洛梅里認為，會跨出這一步，主要是為了更進一步「與全世界分享墨西哥的歷史、文化，以及精緻華美的一面。」

由此我們不難理解，所謂的「小巨人」並不表示，企業必須完全停滯不思成長，而是一種能維持規模小但力量強大的能力，是在經過深思熟慮後才跨出深化產品或增長規模的步伐，而始終忠於關鍵且珍貴的幾件事情：理想、時間、熱情，專注在自己最擅長專精的事。

「這裡真的好小！」

「小巨人」的概念也讓我更進一步理解，陳望達之所以強調參與式預算「宜小不宜大」，最好不超出一鄉一里，背後講的其實便是這樣的道理：追逐大量，便難以追求極致。我們確實很難在戰場上揮軍開疆拓土的同時，又回頭細心照看如何墾殖良田、灌溉文化。

然而從這個觀點，不禁又讓我開始思索，何謂大，又何謂小？我想，應該是可以這樣詮釋的吧：不論個人或組織的資源多麼雄厚，終究有其極限，凡超越「自然能力範圍」的，便稱之為「大」；而凡是能夠看顧周全、從容餘裕面對的範疇，便可稱之為「小」。

就我所知，對於「小」最深刻堅持的，恐怕非日本「拉麵之神」山岸一雄莫屬了。在他的紀錄片中令我印象非常深刻的一幕是，他因為嚴重的下肢靜脈瘤，在自己打拚了四十五年的拉麵店大勝軒倒下後，為了能夠繼續為舊雨新知端出好吃的拉麵，才終於首肯接受醫生為他開刀治療，在醫院足足休養了八個月。

出院當天，山岸一雄拄著杖、踩著困難的步履出現在大勝軒的巷子時，徒弟們已相互轉告：「老闆回來了，而且是用走的。」當山岸一雄跨進只有九坪大的大勝軒時（店面約二・七坪），彷彿要經過這樣的睽違，才有辦法重新看見自己守候多年的城堡。他依舊帶著淺淺的笑，目光不斷梭巡、忽而凝望堪稱簡陋的店面，自言自語悠悠地說：「好久沒看到店裡這樣，這裡真的好小……這裡真的太小了，我居然在這麼小的地方工作。」

「極小」的力量是「極大」

是的，大勝軒真的太小。平日裡，大夥在廚房都必須側著身子忙進忙出；店面一次只能容納十六位客人，每天只營業四小時、賣出超過兩百碗的拉麵，所以只要是拉麵之神掌廚的每一天，都是大排長龍。在山岸一雄開刀住院的期間，雖然所有徒弟大家排班輪流掌廚，但因為沒有任何徒弟能完美複製師父的手藝，造成客源大量流失，大勝軒門前難得一見的可羅雀景象，甚至招來不少好事之徒特意前來獵奇拍照。

不過山岸一雄的店雖小，但這一生總共收了多少徒弟，他自己也數不清「是三百個還是五百個」。面對前來求教的學徒，他從不收費、不私藏、也不私授，多數都是自認學到了大勝軒的味道後，就選擇離開；對於有困難的學徒，離店前，山岸一雄甚至還會塞點錢給年輕人，讓他可以順利邁向下一個里程。所以全日本出現近一百家打著大勝軒旗號的大小拉麵店，但山岸一雄從不向店家收取任何權利金；而大勝軒之所以永遠那麼小，是因為山岸一雄始終把自己看得比任何人都小。

而山岸一雄的「大」，最具體而微的體現是，「一定要讓客人吃飽飽地回家」這樣的心思，所以麵量總是滿過碗公、總是超出客人的胃納。他生意做最大的徒弟，共開了十五家連鎖拉麵店的田代浩二便直言，「那樣根本賺不到錢。」但是山岸一雄卻賺到了一大群支持他的「兒子」、一大群追逐他的粉絲，以及一大群景仰他的民眾。這些這些，都是山岸一雄之所以為「神」的奧義；也是即便他已離開人世超過七個年頭，每每觸及他的故事，仍舊教人胸臆間塞滿「哲人日已遠，典型在夙昔」凜然大義的原因。

經過這樣的梳理，我相信，各位讀者和我自己都能對大與小的抉擇，有了更深一點點的體認。一如老子在《道德經》中所說的：「大白若辱，大方無隅，大器晚成，大音希聲，大象無形。」在此特別祝願，佳君能透過小區域的參與式預算，不斷創造一則又一則動人的大愛故事。

05

經營實物銀行「重修」人生——

警察志工暖心站團長 許崇修

想死吧。生有何戀？

在三十年前，有多少人禁受得起，叱吒兩岸產業高高在上的外商副總，竟落得一天之內捲舖蓋走人、才新婚二十天仰慕傾心的美嬌娘深夜落跑、戶頭裡「攢下」的三千萬瞬間被掏空！

……是記憶中每一個睡眼迷濛的清晨，在微微拉開沉重眼皮的寤寐中，首先映入眼簾，那個襯著濛濛天光操持家務媽媽模糊的背影，救了團長。

在他最脆弱撐持不下的每一個瞬間，那畫面都會重回眼前，讓他慢慢重新找回那顆孺子柔軟的心。

臺灣有座派出所，除了扮演鐵腕擒凶的硬漢角色，還兼具照拂弱勢的暖心柔情，那就是曾獲得「全臺最美派出所」美譽的新北市烘內派出所。

烘內派出所幾年前完工時，它結合日式風格與西式教堂的另類警局建築，再加上所前種植了多株油桐與櫻花、小廣場角落擺設的長桌椅及遮陽傘，營造出輕鬆舒爽的氣息，讓造訪附近景點新山夢湖和拱北殿的遊客，經常會順道到此打卡拍照。為此，派出所還特意設置了簡易的鐵馬驛站，腳踏車想打氣、騎士要補充水，甚至簡單的修車工具，這裡都有；如果想要了解旅遊景點，派出所員警或志工也會立刻化身為導覽解說員。

至今有愈來愈多花樣翻新的派出所，各式講究的建築和主題設計，好比南投溪頭的「妖怪派出所」、臺南新化的「警帽派出所」等，要說逆襲吸睛，早已經把烘內派出所遠遠拋在腦後。然而烘內派出所之所以沒在掛心「色衰愛弛」，是因為除了一副別墅臉的外在美，它更擁有獨一無二的「內在美」——全臺灣唯一設有實物銀行的派出所。

為「暖心站」找個家

自從接觸新店區幾個脆弱家庭的個案以來，我就一直期望能夠建立更明確且永續的地區照護／支持系統，一方面不論是各方的善款、物資，都必須有個明白的運用與去向；更重要的是，對受照顧戶來說，即便是斷斷續續的關懷，都極可能成為他們即時救命的稻草；但救命是一時，脫貧才是真永遠。這個想望，一直放在我心中等待契機。

契機，在二〇二一年三月出現了。由於我身兼新北警察志工協進會理事長的職務，正思忖著該有怎樣的作為時，認識了在烘內派出所經營實物銀行已四年之久的許崇修團長。

許團長原本擔任警察志工，協助派出所日常運作。警察志工的工作範圍很雜，也許幫忙留意周遭可疑的人、事，或是守望一下鄰里家戶的異常動靜，穿街走巷巡邏以嚇阻毒品或暴力事件發生，甚至是為走進警局報案的民眾奉上一杯茶定定神等等。

實物銀行的緣起，要回溯到有回時任派出所所長的楊幼暉一聲號召，請團長協助發放最初募來的一批物資，給鄰近區域的脆弱家戶。事後所長「飄撇」地交代一句：「你想想看有什麼辦法，把這個持續做下去。」團長沒有多想，轉過身便向十多名主要來自市場菜販的志工說：「我們自己先來吧！」向每人募資五千元，共募來七萬五千元之後，直接草創了臺灣第一間設置在派出所內的實物銀行，肩負起照顧鄰近區域脆弱家庭最最基本生活用品的責任。

雖然向志工募來的第一筆基金，半個月不到就用完了，但靠著所有人的用心，這家「銀行」不但沒破產，反而愈滾愈壯大。這，正符合我心中明確且永續的地區照護／支持系統的藍圖。就這樣，實物銀行結合我的行政支援，進化為新北市的第一座「暖心站」，崇修也接下「新北警察志工暖心站總團長」的重要任務。

許團長的不思議人生！

其實我也是直到最近才知道，原來許團長是來自雲林台西的鄉村子弟，爸爸是個在派出所服務的基層員警。當時他和一般偏鄉年輕人一樣，嚮往繁華都城，期待能到臺北這片黃金之地，開創屬於自己的輝煌。不過團長總是笑說，因為太清楚自己幾斤幾兩，所以心中暗暗給自己設下一個闖蕩期，三十歲前務必摸索出自己一輩子可以投入的工作。

「我做過洗衣粉外務員、機車廠倉庫管理、木器廠噴漆工等，各種在底層打滾的工作。雖然那些職務都很低下，但我每天都不忘睜大眼睛看、拉長耳朵聽，終於有天讓我發現，原來做貿易的白領階級，不但每天出入光鮮整潔，職務上接觸的又都是廠長或老闆級人物，根本是份讓人眼界大開的神仙工作。於是我開始積極投遞履歷，下定決心準備要朝全新的航向，走出自己的康莊大道。」

很快地，團長找到一家代理巴拿馬產品的進口商，應徵上驗貨員的工作。

「說是驗貨員，這個職務只是聽起來比較稱頭而已，實質上不過是個高級小弟，專門上報關行和船務公司去跑單。就這樣，我從一個月領四千新臺幣的小弟開始蹲起；一竅不通的英文，也從訂單上產品規格的單字開始學起，什麼是袖長、什麼是肩寬……一字一句像蝸牛爬牆一樣，日積月累攢積起來。」

一飛沖天後墜入萬丈深淵

雖然沒什麼漂亮學歷加持，但團長畢竟見多了各式各樣的坐賈行商，擁有高人一等的街頭智慧（street smart），「記得大約是我二十七歲左右，我像顆大石頭般的命運竟然開始滾動了，很幸運地進到一家頗具規模的企業擔任採購人員。就這樣我搖身一變，變成自己曾經仰望的那群能購獨當一面的白領，所到之處，備受禮遇。」

然後就像成語「勢如破竹」所形容的，團長一路從採購、經理，最後被挖角坐上了外商副總的高位，出入有公司配給的雙B轎車代步。一九九一年，團長在業界的譁然驚嘆聲中，以早餐逆襲的方式，先後拿下了美國兩個最大通路商沃爾瑪（Walmart）和凱馬特（Kmart）的訂單。「早期臺灣做生意的文化，都習慣用花天酒地厚重的晚餐招待 buyers，但我採取逆向思考，我都習慣用盡巧思，跟他們約一起早餐。主要原因是，那些 buyer 哪裡會缺少我給的風花雪月，但早餐時間是他們進公司思考工作前，一段腦筋最清醒的時刻，要談生意，這才應該是最黃金的搶灘時點。」

「過程中，經常為了展現搶單的決心、達成不可能的任務，必須把價格殺到見骨。我人生的轉捩點，就是替沃爾瑪搶救了一張要命的『銀行燈』棄單。臨危受命，成功了，從此取得沃爾瑪訂單的獨家門票；若失敗，接下來大家就互相不必往來。為了已經打開門的生意，我甚至帶領第一批臺灣製造商進入中國設廠。從此之後，我開出的報價，在全臺灣甚至是全世界，都可說是所向披靡無人能擋。我的人生一下子翻上巔峰，在老闆的充分授權下，不但替努力十多年始終無法敲進沃爾瑪大門的公司，一舉叩關成功，而且從此彷彿天下沒有吃不下來的訂單，不論急救單、賠錢單，全憑我一句話便能搞定。」自此，團長每天猶如行走在雲端，轉瞬間成為業界無人不曉的響噹噹人物。

只是人生很微妙，經常是禍福相依，因為成功來得太快，讓人一下子忘了腳踏實地的感覺，自大成了面對太陽時藏身在後的影子。就這樣，團長有意無意地自我催眠只是入境隨俗，長期收受廠商的鉅額回扣，渾然不覺已經被公司盯上。「簡直無法想像，真的就在我事業愛情兩得意，新婚才剛過二十天的時候，長期不動聲色的董事長，無預警按了內線把我叫進他的辦公室，當面告訴我，公司已經向法院聲請假扣押了我的銀行帳戶。當下的瞬間，我就像被一顆高速直飛的壘球不偏不倚狠狠砸到臉上，只問了董事長一句，『我們的合作關係結束了嗎？』，然後下一秒我便被炒魷魚了……」

萬丈深淵，恐怕還不足以形容當下團長疾速失墜的心理衝擊！震驚過後，勢必首先會出現反射的盤算就是，抵死也要從萬丈深淵爬出去。「出事當天回到家，新婚妻子還安慰我，『沒關係，你還有我』。當時我覺得自己真是娶到個好老婆，第二天就把沒被扣押的銀行帳戶，全部轉到老婆名下，總共三千多萬。隔天我火速趕往香港，聯絡通路商和一批舊識，滿心急切地想著要如何在香港東山再起。沒想到，努力布局了不到一個月後，當我搭乘慣常的紅眼班機回到臺北的家，老婆卻不在屋裡。直到凌晨三點還等不到妻子返家，於是我開始心神不寧地在暗夜裡到處遊走，不知不覺來到銀行的保險櫃，一開櫃，立刻驚覺事態不對，原來老婆已經和我『暗崁』的大筆款項，一起失蹤了！」

從「食物」到「什物」再到「實物」

這時候，人生的捷徑應該只剩自我了結了吧！是的，幾乎每個經歷這番變故的人，都曾出現去死的念頭；但凡不死的，便很容易走近宗教，走向罪贖。

「是媽媽一次又一次地救了我。我忘不了她含辛茹苦把我們扶養長大的那個背影，光是想起她佝僂的背影，我就充滿咎責，我就深深覺得自己責任未了。當我飛黃騰達的時候，我用錢打發父母，以為那就是光耀門楣，等到人生摔了一大跤，才看清楚那根本無以為報。」

為了重新找回人生，團長因緣際會地走進教會，歷經輾轉才找到自我。他除了主動向前老闆當面致歉贖罪，還一度跟著當時同病相憐、從加拿大返國的洪榮宏「學飛」（sharefaith），兩人就像「約書亞與摩西」，同住同食、同修同癒。

歷經此番大起大落的人生試煉，團長被打磨出不一樣的心性。「貿易業是回不去了，看來看去，只得咬牙跳進先前自己最抗拒的保險業務工作，並且開始接觸社區管理的領域。就這樣，隨著接觸的人事範圍漸漸拉大，我在二〇一六年起便加入了警察志工的行列，擔任志工幹事、分隊長等職務。隔年所長楊幼暉告訴我，鄰近有位高齡九十幾歲的老奶奶，週末兩天都沒飯吃，他想成立實物銀行，持續幫助有類似困難的家戶，但派出所的物資只限第一批，後續的所需和開銷，得靠我自己籌措。」這看似有些莫名的要求，又為團長打開了另一扇門。

就這樣，團長從帶領十多名志工，大家出錢出力，從最一開始內部募來的七萬五千元撐過半個月，到現在浩蕩成軍擁有兩千一百八十四位烘內派出所實物銀行社團成員。大夥兒從最簡單的食物發放開始，延伸到生活什物，再擴大到家需實物。當有愈來愈多人知道烘內實物銀行的努力之後，漣漪效應便隨著

從十多名志工開始到暖心站成立，良善的風讓善行得以吹拂。

／照片：許崇修提供

良善的風吹播出去，回應的是源源不絕的資源，完全不須擔心可能會有匱乏的一天。他自豪地說：「其實口袋裡還有很多可以去募款的名單，但到今天都還沒用過。」現階段，實物銀行的臉書專頁已集結有六萬多名關注動態的汐止人粉絲。

救急救窮最終目標是脫貧

是吸引力法則吧。去年底我接下警察志工協會理事長的職務，透過社會局推介，看見了愈做愈規模的烘內實物銀行。經過幾次現場觀摩，發現烘內實物銀行的運作相當務實，對關懷戶的照護也夠細膩，不論是理念還是資源，警察志工協會與實物銀行的串聯，絕對可以發揮相乘的效果。

最一開始對於這類作業，我一般會採取「標準模式」，露露臉動動嘴、拉布條記者會，就代表把物資發出去了，並不講究什麼跟催或管理，畢竟還有更多重大的市政需要我們議員來監督。但漸漸我的心態改變了。是的，對我們來說，這些可能只是芝麻綠豆的小事，但對受照顧戶來說，卻是真真實實的生活大事。所以，即便我一年只會跟他們有一兩回的交集，但他們卻永遠記得我的名字、記得我的聲音。這樣的回饋一次又一次敲開我的心，同理愈來愈深刻，如今受照顧戶的任何突發狀況，我的反應甚至經常比社福單位還來得快速。

團長也一樣，他們雖然不是民意代表，但只要汐止區弱勢家戶發生什麼風吹草動，像火燒房子、親人離世等等，大約在收到訊息後二十分鐘，便能調動附近的人力物力前往馳援照護。警察單位、實物銀行交織成的暖心站，架構起一套系統化的區域支援網絡，把力量、熱量與能量來個大整合，這也才有了往下走去的清楚方向與永續。

其實臺灣不乏各類慈善單位、也不缺充滿溫度的捐輸，然而團長帶領的實物銀行讓我更印象深刻的是，除了伸出援手緊急照護，整個團隊最想做到的是：先扶一把讓他們站起來，然後一點一點找回自信，最後脫貧自立。

《三千元代表三千萬的心意！

「以二〇一七年五堵的一個個案為例，當時我在颱風過後接獲通報，說有戶脆弱家庭，每回颱風都令人非常擔心。於是我們一行人便直接趕往現場了解狀況，一看嚇一跳，那哪稱得上是『家』，是廢墟。一家四口居住的地方，竟只是一塊坍塌的木板斜靠在一面僅存的牆上，所隔架出來的狹窄三角空間，就像討論地震保命時會提到的『黃金三角空間』一樣；出入空間的地方，綁上一塊髒汙的布，就充當是大門。」

任誰也沒想過，臺灣居然還存在這樣沒頂沒門沒室沒桌的「家」。很快地，團長幾通電話先募來一張單人床，讓原本睡在地上的兩個孩子、罹癌的媽媽、受傷的爸爸，都可以離開潮濕地面好好睡一晚安穩的覺；正式離地而眠的那天，兩個男孩還特地拍了張照片紀念。下一步，便該是要著手準備義蓋。

你應該跟我一樣感到意外，連義蓋，團長也以驚人的效率，速速召集整隊了一批木工、水電，在一個月不到的時間，排除各種困難，包括模糊的地權、鄰避效應的雜音等等，讓這一家人在餐風露宿多年之後，終於擁有一間可以棲身的小小房舍，有了正式的大門，也有了冰箱、熱水器、沙發、桌椅、衣櫃，連化妝台都募齊了。

只不過這家的兩個男孩，極可能因為長期貧窮而陷入重度自閉，最最令大家放心不下，所以即便義蓋結束，團長有空時，總不忘繞過去看看他們的近況。「令人驚喜的是，幾個月後，傷勢復原的爸爸主動提出要求，要我不必再定期提供生活物資給他們，因為前雇主找他回去工作，他再度有了照顧家人的能力，希望把物資留給更需要的家戶。然後在那年實物銀行的例行年終辦桌活動，這位爸爸更主動在募款期間，帶著生病的老婆，手裡捏著三千元，和我約在派出所門口，然後靦腆地交出手上的幾張鈔票說：『沒多少錢，只是一點心意。』」

我知道，這結果對團長和我來說，或任何人都一樣，那三千元代表的是三千萬的心意！

同時，我也在這過程看到「重修」人生的意義：因為先天遭遇或是後天卡

▌烘內派出所的實物銀行是支持脆弱家庭的一股力量。

／照片：許崇修提供

關而落難危困的人，只要靈魂不死，潛意識裡渴望的仍是可以獲得慷慨的遺忘與信任；遺忘曾經的不堪，才有勇氣打掉重練；信任生命自有出路，願意給予祝福。而這個落難的人，不論是自己或是他人。

除了五堵這個案例，團長還成功協助多名睡馬路自我放逐的街友，重新找回自食其力的動力。他鼓勵那些街友，就算去大馬路舉牌子，賺幾個便當的錢，都比睡大馬路來得強。然後協調他們幾個人一組，大家合租房子，試著找回正常生活。

團長再一次做到了，他們當中有的甚至因此開始把多的錢存起來。「存錢，這個在我們一般人眼裡再平常不過的舉動，但對這些曾經自我放棄的街友來說，那代表的是，『對明天開始有了不同的想望』，懂得該為日後做些打算。」這個轉變怎不教人動容！

為什麼團長做得到？因為他是過來人，懂得慷慨的遺忘與信任的重要，也懂得再多的物資都填不滿空洞的靈魂，必須設法激起對於明天、以及明天的明天有更多的想望；也唯有這樣，實物銀行才算陪著受照顧者走完最後一哩「重

延伸閱讀

《窮人的銀行家》

「相信窮人的銀行家」穆罕默德・尤努斯（Muhammad Yunus）的初衷，也是我們暖心站的標竿。他在孟加拉推行的「鄉村銀行計畫」（Grameen Bank Project），專門提供窮人（赤貧）無擔保、無抵押、平均額度為一百三十美元的小額貸款，幫助他們創業、改善生活，再設法擺脫貧窮。為此，尤努斯還獲得二〇〇六年諾貝爾和平獎。

根據《窮人的銀行家》（*Banker to the Poor*）一書描述，原本任教於孟加拉吉大港大學的經濟學家尤努斯，在一九七四年孟加拉陷入嚴重飢荒之際，看見了貧窮對於個人、家庭和國家的傷害，讓他重新思考經濟學的意義。受到村裡辛勤編織竹椅卻每天只賺約兩分美元，又為了購買材料深陷高利貸之苦的女人啟發，於是他找來學生幫忙，把村裡最窮又欠高利貸的人找出來，打算先自掏腰包借錢給這些人度過難關。

結果令他大吃一驚，符合「赤貧又債台高築」條件的村民共四十二人，而且全數是女性，她們的財務缺口總金額竟然二十七美元不到！他無法想像，居然有這麼多家庭只因為缺了如此微薄的錢，就淪為不幸而無以自拔。

連乞丐都可以貸款的銀行

自此，尤努斯展開了他畢生的職志，尋找幫助人們擺脫貧窮的方法。他邁開雙腳，踏遍一個又一個鄉村，提供窮人小額貸款，擺脫中間人的剝削，因為他相信，貧窮往往不來自窮人的偷懶或能力不足，反而更多是環境強加造成的，例如資本主義設計出來的制度。同時他也發現，只要這些人有機會認真工作，全數都會做到準時還錢，即便當初約定，等她們有能力時再還就可以。

一九八三年，尤努斯正式創立「鄉村銀行」（又稱葛拉敏銀行）。既是銀行，那就仍舊需要營利，只不過他們的營利方式是與傳統銀行逆向操作的，連乞丐也可以來貸款。尤努斯曾表示，「一般銀行專找有錢人服務，我們則是專找赤貧的人。」該怎麼找到赤貧的顧客？他自有一套哲學，他告訴員工：「主動上門借錢的都是『假窮人』，我們真正的客戶不會自己來借錢，而且在你找上門時，他們還會說：『哦，我並不需要錢。』聽到這種回答時，那人就是你要幫助的對象。」

鄉村銀行所採行的「集體擔保小額貸款」模式，成效超出所有人預期，隨後在全世界超過四十三個國家複製。尤努斯的小額信貸計畫，回應的是那些被傳統銀行體系排斥迴避的族群，試圖打破「低收入、低儲蓄、低投資」的惡性循環，扭轉成「低收入、注入貸款、投資、更多收入、更多儲蓄、更多投資、更多收入」的良性迴路。至今，從鄉村銀行的官方資料可以發現，他們已貸給全世界貧困社區（主要還是在孟加拉）超過三百四十九億美元的貸款（二〇二〇／七月），協助無數的女性創造屬於自己的微型企業，同時銀行還保持約九七・三九%以上還款率的漂亮紀錄。這無疑見證了尤努斯的信念，即便是鄉村銀行，仍舊可以營利，因為他相信窮人。

《追尋一個沒有貧窮的世界？

雖然尤努斯的初衷在於把小額貸款設計成有效的扶貧工具，但在制度的設計上，仍然必須防範浮濫放款、惡意賴帳，所以藉由「集體擔保」的模式，運用同儕壓力，降低呆帳風險。常見是以五人為一組，只要其中一人沒還錢，這五個人便統統不能繼續借款，有點連坐法的意味，藉此促使大家自動自發相互約束，降低呆帳比率。這個設計，有時會逼著小組成員為了避免被連坐，而代墊缺額。

再加上，鄉村銀行的小額貸款不要求擔保也不需抵押，貸款風險自然相對較高，這部分風險便經常轉嫁到貸款利率上。像尤努斯創立的鄉村銀行，一般首次貸款會收取一六％的年息，但之後年息則調高為二〇％，這些比率其實都已經高於臺灣信用卡循環利率上限的一五％；根據苦勞網二〇一五年的討論，他們在其他國家成立的小額貸款機構（MFI）開出的年利率，則大多落在二〇～六〇％之間，甚至還出現過年利率一百％的案例，被部分人士批評是變相吸窮人的血。即便如此，各國的小額貸款，仍然比可能高達一〇〇%日利率的高利貸，來得可以忍受。

尤努斯開發的小額貸款，真的可以為我們打造一個沒有貧窮的世界嗎？根據世界銀行（World Bank）估計，全球約有十七億人無法獲得金融服務，所以當小額貸款的概念一推行成功，很快便形成一種現象，在世界各地有大量熱錢，以及數以萬計的貸款機構湧入這塊市場。聯合國甚至將二〇〇五年，定為「國際小額貸款年」。

期待暖心站蛻變為暖心銀行

不過隨著時間的考驗，當各地相繼出現類似「卡奴」的「債奴」被逼上絕路的案例之後，開始出現各種不同的思辨與討論。例如密西根大學商學院教授阿尼．卡納尼（AneelKarnani），便在〈小額貸款搞錯了方向〉（*Microfinance Misses Its Mark*）一文中指出，創造穩定的就業機會、支付合理的工資，才是消除貧窮最根本的辦法。

也許你會好奇，申請小額貸款的人不是都去創業了嗎？仔細想想，平均一百三十美元的貸款額，能夠創造如何的微型企業呢？恐怕也多是開個小店、進些原材料加工之類的小生意。所以一度大家還有個迷思，認為窮人更富有創業精神，但這個假象背後的現實恐怕往往還是在於，貧窮國家相對起來也更缺工作機會，要自救，除了想方設法創造更多元的收入來源，否則很難養活一個家庭。小額貸款是否是全人類消除貧窮的神奇方程式，可能需要更長時間來檢驗。

是的，貧困始終是全人類的一個難解的困境，從來未曾消失過。根據兩年發布一次的《貧困與共榮報告》（*Poverty and Shared Prosperity Report*）顯示，原本大家預期，全球極端貧困（每天生活費低於一・九美元）人口比例，將於二〇二〇年下降到七・九％，不料二〇一九年末席捲全球的冠狀肺炎大流行，一下子打亂了世界減貧的進程，讓這個數字又回升到九・一～九・四％，相當於是二〇一七年的九・二％的水準；這是數十年以來，首次出現的增長。

同時事實證明了，與世界活在同一個地球村的臺灣是無法自外的。二〇二一年五月這波肺炎疫情來襲，雖然同島一命，但勢必要對多數人生活造成不同程度的衝擊，甚至是長期的傷害，讓弱勢的族群陷入更艱難的困境。

根據國際發展及人道援助組織樂施會（Oxfam）近期所發表的貧富差距報告，雖然在二〇二〇年三月，因疫情所引發的國際股災當中，高資產族群也難逃財富上的損失，但在貨幣寬鬆等政策下，他們只花了九個月，就讓資產恢復到疫情爆發前的水準，甚至還跳漲了更多；至於貧窮族群，則預計得花上十年時間，才能回歸正常生活；該年年底，全球富豪的財富共增加約三．九兆美元；隔年，二〇二一，光是全球十大富豪持有的財富又翻了一倍，達到一．五兆美元，相信至今仍在持續增加當中。而據聯合國統計，這一年全球貧困人數大概增加了五億。一場疫情，為各地製造許多新富的同時，更製造了為數龐大的新貧。

為此，我不斷思考，不論是食物銀行、實物銀行或是任何形式的銀行，除了沒有謀生能力的孤獨老人和小孩，若只是單純停留在物資發放、津貼補助上，固然能夠發揮救窮、扶貧於一時（當然還有惜食愛物的另一層意義）的功能，但這樣真的就夠了嗎？這樣就真的可以放手了嗎？我相信，能夠給這群人生命希望的、讓他們有能力站起來的，始終還是在於能夠脫貧。

在這條路上，暖心站希望可以在跨出第一步之後，未來若能串聯嫁接第三方、第四方機構的力量，挹注更多的精神食糧、希望實物，或許暖心站也能有蛻變為「暖心銀行」的一天。

06

追著垃圾車跑的憤青──

基隆市議員 陳薇仲

「就真的幾乎沒有任何資源，只能追著垃圾車的尾巴，穿街走巷地跑！

因為只要單音版《少女的祈禱》樂聲響起，垃圾車就會像塊超級磁鐵，不論是想要散發文宣、握手拜票、親邀里民參與社區活動等等，它都能毫不費力讓民眾自動走出家門，井然有序在巷口集合。

有回碰見一位阿伯，突然對我說：從名字看，你的內心有一種憤怒，要注意，不要隨便跟別人起衝突！當時覺得有點莫名，沒放在心上。結果，整個選舉過程中愈來愈發現阿伯是對的，我對臺灣整個政治環境充滿了憤怒……」

如果看過薇仲在臉書上貼出的《被當塑膠的兩年》，她在四十七分鐘的短片中，氣噗噗地不斷掀動手中薄薄幾份資料，反覆唸叨：「我一再一再呼籲，應該要把屬於經常門、一年總共約一千兩百萬的『精神倫理建設款』，究竟補助了哪些社團組織、企業或學校完整公布，都跟催兩年多了，還是看不見受補助名單的全貌，只公布了社團名單，有那麼難嗎？」你應該會和我一樣，對這名年輕議員留下深刻的印象。

「可能怕我太鬧，完整的受補助名單終於在第三年，在江湖出現了。」

對「議員建議款」有些概念的讀者就會知道，這筆預算是由地方政府制定及分配，舉凡地方上有工程或服務的需求，可以透過向議員陳情，再由議員「建議」、申請或通知縣市政府撥款補助，預算核定後便能執行。此即所謂的「議員建議款」，也稱「基層建設配合款」，一般可切分為兩大部分，資本門（補助設施工程）和經常門（補助活動），各縣市對這筆款項的處理狀況不一。

這個地方預算中「黑影幢幢」的沉痾，每到選舉，總會被摳出來做些文章，但問題的源頭盤根錯節，地方始終難以一舉痛快地將這群怪獸從「產地」

根除。舉新北市為例，為了避免讓市民的辛苦錢，淪為補助社團組織無謂的「吃喝玩樂」，朱立倫市長在他二〇一八年底任期結束前，刻意利用前後任市長交接的潤滑期拋出議題，做球給剛正的侯友宜市長接球，才得以於二〇一九年順利將議員建議款中的經常門取消，全數回歸看得見摸得著的資本門，為的就是希望盡可能杜絕預算被濫用及浪費。

只不過，要關上這扇行之有年的巧門哪有那麼容易。雖然薇仲的訴求大家心知肚明，我們卻不難從她神似一零九辣妹煙燻的黑眼圈、脹滿義憤的臉龐，強烈感受到想要突破這道防線會有多傷神。所以，屬於政壇年輕世代的她會走上參與式預算，開出基隆市的第一槍，我一點也不意外。

「小金庫」是從政的第一堂必修課

今年，已經是薇仲第二屆的參與式預算。原本她對建議款經常淪為議員被外界指摘的箭靶，「感受很差，好像議員都在汙錢；但如果因為這樣就消極作為，放著不去用那些款項，又必然會排擠到地方建設。」是的，只要地方政治與選舉仍舊和派系、樁腳綁在一起，想要讓建議款回歸到公平分配，就永遠做不到。但是薇仲的抉擇很清楚告訴我們，她沒打算放棄，「我非常非常感動，這世上竟然真的有一種方法，讓我們可以跟民眾一起來操作……」

基隆市議員每年的建議款額度並不算多，大約是四百五十萬工程款加上一百二十萬設備採購款（一般用在十萬元以下的採購案）；另外，就是先前提到的，需經議員簽字畫押才能撥發的「精神倫理建設款」四十萬。首次接觸建議款時，薇仲說她的第一直覺反應是，「哇，那麼大一筆金額，究竟該怎麼用！」這加起來近六百萬元、外界譏為「小金庫」的款項，以及三教九流亟欲爭取議員「配合」的地方建設，彷彿成了薇仲進入政壇的第一堂必修課。

她，很快便選擇了擁抱參與式預算。「當我們實際進入操作後發現，其實只要讓地方民眾有更多機會與平台參與和學習，他們會更知道，大家可以如何採取行動，在這個一天到晚陰雨綿綿、看起來好像是一團沒希望的地方政治裡面，每一個個人，都可用自己的行動去決定一些事情。我覺得，參與式預算有在點燃一些人對公共事務的關心，民眾是渴望改變的。」

我完全同意，在缺乏行政資源去做全面盤點，或透過有效分配方法的引導下，無論是政壇的新手老手，確實都很容易有意或無意陷入，基於親疏遠近所產生的差別心，來決定公款的用途。「原因很簡單，因為愈熟悉的事物愈容易取得我們的好感與信任（利益掛勾另當別論），這在心理學上稱為：『單純曝光效應』（Mere Exposure Effect），在社會心理學中則被稱為『熟悉定律』（Familiarity Principle）。」這些理論是薇仲的專業，更是她經常自我惕勵警覺的 check point（查核點）。

走出不一樣的「薇仲參與式」

新北市和臺北市先後採行的參與式預算，給了薇仲很好的示範，同時勾起她在大學時期修習社會系林國明老師課程的記憶，那是她審議式民主和參與式預算的啟蒙。「只是修完課、畢完業之後，因為沒想過要從政，很快就把這段經驗給遺忘了。等當上議員，看到各位前輩推出的參與式預算，才猛然想起來，當時我們在學校還認真舉辦了一系列審議式民主的工作坊。」

接棒後的「薇仲參與式」並沒有在抵達「預算」這一階段就止步，她更進階朝「設計」躍進。「即使各有八百多人投票支持四維景觀復育，以及幾座公園的議題提案，再加上網路投票的兩百多人，實際參與的大約只有千人多而已。我們選區光是滿二十歲的公民就有六萬多人，這顯示還是很多里民沒有參與投票（十六歲以上便可投票）。這樣的話，就可以繼續往下進入參與式設計。所以我們還在實踐參與式設計，讓公園的使用能極大化它的『公共性』。」

此外，薇仲的預算執行模式也和我有些不一樣。新北的參與式預算是求多案紛呈，所有勝選的提案項目，都可以獲得相同的補助金額；不足額的部分，提案單位必須自行補足。薇仲的模式卻是採取按票數排序執行的方式，預估執行第一名提案款項有餘後，才往下支援第二名，以此類推，直到款項用罄，為的是集中火力，協助大家最支持的提案徹底完成。

全宇宙都來幫她與社會溝通

說起薇仲與參與式預算的「前世今生」，應該往前溯源到她大學時期。

按照大學指考分數，薇仲原本可以上臺大會計系，但因為對於權益總是被拋到最末的農民和勞動者，像紹興社區的居住問題、中科搶奪農業用水等等問題，始終有一股說不清的憤懣，於是選擇了前身為農業推廣系的「生物產業傳播暨發展學系」。就讀後發現，生傳基本上是傳播系的一個過渡，沒辦法滿足自己的學習，於是開始自發性地轉移到社會學系修課。

社會系的課程，主要是透過相關理論探討社會分配和社會正義。經此洗禮，薇仲決定出校門後的第一份工作要進入出版業，「因為想要做社會溝通。想要告訴大家，我們不應該只關注自己，以為只要自己努力就夠了，其實我們生活、工作所在的社會有一個很大的結構，那個結構會決定你我很多的事情。」結果產業未如她所想像，只在出版業停留了一年。

後來又待過社會企業（Social Enterprise），依舊很迷惘。於是薇仲回到自己的出生地基隆，蹲點、田調，和幾位同樣是「從小在來往臺北車途中長大」的夥伴，共同創辦了一份擦亮基隆城市記憶與未來樣貌的在地刊物《雞隆霧雨》，一方面想試著找回初心，一方面思索自己還可以做些什麼。

機緣就是這麼微妙，或許真如坊間所說的，真心實意期盼一件事情發生時，全宇宙都會來幫忙。後來原本因決定出國念書而回校做研究助理的，卻碰上了陳惠敏老師天外飛來的一問：「要不要去參選？」就讓這個從未出現在生命中的選項，成了薇仲最義無反顧的使命。

二十五位里長伯全數投反對票！

「進入政治愈久愈清楚理解，自己一直想要做的社會溝通，若是不試著進入體制內，而只想固守在體制外的話，那就只能隔靴搔癢，無法真正改變什麼。社會系『社會運動』的劉華真老師在我們畢業前所說的一席話，讓我印象深刻。他說，大家永遠要對政府和政策抱持健康的心態，即便有時政府做的事

在薇仲的推動下，辦理參與式預算住民大會討論（上）、設置投票點（下）。

／照片：陳薇仲提供

情只是要 favor 他自己或者是利益團體，重點該放在怎麼明辨、怎麼改變。這句話給我很大的啟發，是的，從體制外批判很容易，那進入體制引導變革呢？」就這樣，憤青瞬間變身為政青。

不過要和地方民眾溝通確實沒有想像中容易，薇仲走過的路，我大致上也都經歷過。像追垃圾車策略，成本低、效率高，摩托車雙人組、我坐後座，只要追緊了垃圾車的尾巴，就算看不見尾燈，「少女的祈禱」也能保證一路自動導航；到點了，趕緊跳下車，發送文宣或簡短寒暄，這一招很有效；若搭配送些環保垃圾袋、面紙之類的民生小物，更容易與民眾拉近距離。

「對，這還可以分流。傍晚五點的那一輪，召集的是愛熱鬧、講人情味的婆媽叔伯；夜晚八點的那一輪，是剛下班的上班族和放學後的年輕人。其實不要認為老人家就不會想參與，大家一開始擔心的，總是怕自己沒那個能力，但其實真正容易動員到的，反而是心中有些好奇的人，好奇心才最重要。一般來說，年輕人和老師的參與度比較高，我的參與式預算，來自學校的力量不小。」

但說起對立面里長的反彈，我和薇仲又同掛了。她有些無奈，「我們那邊有二十五個里，二十五位里長全數反對我。」

代議民主與直接民主的衝突

沒錯，我們都同意，參與式預算最好可以不要超過一鄉一里，能遇上樂意支持的鄉里長，要推動參與式預算便能順風順水，否則有些人甚至會直接要求「把錢給我就好了」。薇仲便遇過有強烈被剝奪感的里長口出惡言：「你是市議員，你自己決定就好，不然我們選你幹嘛，不會用就把錢給我。」有的則利用假帳號，到粉專謾罵攻訐。

而我畢竟是比較幸運的，能在最關鍵的時刻，很快獲得達觀里的大力支持，成為二〇一五年臺灣首場試辦參與式預算的實踐場域，並且創下全球堪稱奇蹟的三四・九五%的投票率。像薇仲初期面對的基層反彈，恐怕是代議民主與直接民主之間難以避免的衝突。只不過，要化解並不難，關鍵在「民氣」，只要是政治工作者，任誰也無法與「民心所向」對抗。

「只是我們在想的是，民意代表可不可以是一個中介，來幫助大家更深刻認識到，民主不是我們每天選舉，然後選出個代表來決定所有資源分配，大家就什麼事都不用管了……其實大家可能沒認真想過，當我們自以為落得輕鬆把權利往外丟的同時，也等於把自己的權益往外丟。」

只要敞開心就能聊出政治

我們都同意，任何人很難替政治喊冤，同時政治也太廣太深，政治人除了從自身開始做起，涓滴成流並發揮漣漪效應，其餘的只能交給時間。時間是最全面的放大鏡，讓我們看清楚許多原先霧裡看花的來龍去脈。才剛實際執行兩屆參與式預算的薇仲，已經開始將能量輻射出去，「有其他里的里民打電話問我，可以讓他們的里也做參與式預算嗎？」

我們一般比較相信，審議式民主只能出現在政治成熟的國家（像北歐國家）。薇仲舉了個例子，「記得法國有個很經典的案例，他們可以光是為了興建某條捷運的利弊得失，就足足花了一年時間去討論；而且是透過制度法，強制要求負責營建的廠商，必須拿錢出來辦這些公民討論。這如果發生在臺灣，大家一定氣炸了，大罵公部門延宕、無效率。所以我一直認為，唯有在這麼成熟的體制下，審議式民主才能發揮效用。」

薇仲說的這個案例，正是她在二〇二〇年針對基隆輕軌議案「缺乏雙向溝通」，再次標舉的標竿——法國土魯斯（Toulouse）三號地鐵線開發案。根據法國媒體的資料顯示，當年（二〇一六）土魯斯為了該不該興建全長二十三公里、預算金額高達三億歐元的三號地鐵線，在國立公共辯論委員會（CNDP）的主持下，透過各種流動辯論會，與四千名市民互動；花整整三個月時間，舉辦超過八十場公民參與討論的公開會議，與三千名公民意見交流；此外，該年度有超過兩萬一千人拜訪了，CNDP 為提供相關資訊而建置的專屬網站，提出了三百多個問題、完成了近五千份問卷。結果，七二%的參與者，將三號地鐵視線為緩解土魯斯交通壅塞的優先選擇；只要路線符合，八六%的自駕上班族會很樂意改乘三號地鐵線。最後，營造商再據此依法提出經官方認定公允、完整的答案，這條經過深思熟慮與充分溝通的三號地鐵線工程，預計將於二〇二四年完工。

「經過實際執行之後我發現，臺灣人民其實也可以做得到，我們只是沒有太多政治人物提供清楚的方法，並且願意陪伴大家一起投入。老師以前都告訴我們，公民討論的門檻很高，通常得自恃有念過書的人才有那個膽識，否則一般會有心理障礙，怕說錯惹來訕笑和批評。確實，我碰過很多阿姨面對邀請，第一個反應都趕緊搖手說『我沒念過書』，有的甚至靦腆承認自己看不懂字。我都說沒關係，都來聊，只要把自己的想法講出來就可以。」

當然，認真要把自己的想法有系統地表達，有時還真會需要一套訓練，但可以安心的是，有心的民意代表會很樂意陪伴民眾一起學習和培力。而想要執行卻一開始沒那麼有把握的民代，可以先鎖定幾個族群，像是：小朋友的家長、年輕人、甚至是公教退休人士，對於想穩健踏出審議式民主的第一步，定會有不小的助益。

《改變的時間點已經正在發生！

像薇仲安樂里第二屆的參與式預算，便驗證了這個經驗法則。「有位家長很早就打電話給我，因為基隆常下雨，她每次騎摩托車接送聽障的孩子，都因為必須在沒有遮雨篷的校門口穿脫雨衣，經常造成孩子的電子耳淋到雨壞掉，希望我能將經費直接指定到學校。」但薇仲鼓勵家長，歡迎她透過參與式預算爭取孩子的權益。原本很擔心家長會因此放棄，沒想到她不但沒有棄守，反而更加積極擬訂計畫，並且動員學校所有家長支持，最後這個提案成為該屆票選的第一名。

這個提案乍看似乎牽動不大，對這名聽障孩子（和其他孩子）卻很重要。像這麼重要卻細微的需求，若沒有公開的平台，讓民眾有站出來表達，有誰會聽見這麼微弱的呼聲；若沒有參與式預算這個場域，家長們又如何展現這麼強大的支持力量。

其實民主的學習很快，在這樣環境下培養起來的公民，一兩年後便會對公共議題有了自己的想法。薇仲發現，她幾個選區裡關心鄰里環境的社區媽媽們，早已主動自組各類的媽媽參政團或組織，有的準備長期投入社區營造，有的希望接下來可以參選里長。這群娘子軍採取游擊戰略，平日大多散落臺北的各行各業，但只要基隆一有議題出現，她們就會聚攏會議或行動。「我很期待這群公民有可能即將開始改變基隆這個地方。」

和薇仲碰面的那天，空氣中飄落的濕冷霧雨很基隆。我們坐在小福樓三樓臨窗的位置，交換著彼此在推動參與式預算一路上的酸甜苦辣，窗外是曾經培育我們的校園。很開心看到這位小我十多屆的小學妹，今天是塗著漂亮金橘色的眼影，閃爍炯炯的眼神。在結束訪談前她說：「參與式預算給我很大的動力，讓我重新相信公民社會。這當然需要時間，但我知道，那個時間點已經正在發生。」我們相視會心而笑了。

延伸閱讀

《是設計，讓城市更快樂》

要如何打造一座快樂的城市，可以說是薇仲心中一個清晰的目標，相信也是許多民代心中打造地方的理想藍圖。二〇一六年出版的《是設計，讓城市更快樂》（*Happy City: Transforming Our Lives Through Urban Design*），就成了薇仲「找回以人為本的大街小巷，創造人與人的互動連結」的重要參考依據。

這本書的作者查爾斯・蒙哥馬利（Charles Montgomery），是加拿大著名的都市規劃師兼文學作家，在加拿大、美國、英國都有開設與都市規劃相關的課程；還曾運用心理學、行為經濟學，建築和都市規劃的專業，與BMW古根漢實驗室和溫哥華博物館合作，透過社會實驗，幫助城市居民改變彼此以及人與城市之間的關係。

蒙哥馬利在書中揭示，一個城市的氛圍會直接影響居民，是否感到滿足快樂、是否活得積極活力、是否人人和諧幸福。然而，要如何打造幸福快樂的城市氛圍？作者大致提供了七個思考的面向，包括：住郊區沒有比較快樂、汽車減量把空間還給公眾、公園是療癒城市的角落、避免帶有偏見的城市設計、能幫助居民在需要時逃離擁擠的都市、能步行或騎腳踏車避免塞車焦慮、把資源重新分配給弱勢族群。

或許單看快樂城市前三項要素，就可以給我們地方建設不少的啟發。

公園是城市的療癒站

是的，蒙哥馬利首先就反駁了住在郊區會比較快樂的說法，因為現今的郊區反而會讓人疲憊與不快樂。由於現代化城市雖然擁擠，但大多提供了不斷升級的生活機能，不論就學、工作、娛樂、醫療、甚至購物，反而讓住在郊區的人花在路上通勤的時間更長了，因此常使得郊區居民比市中心的居民更加疲憊；而通勤時間拉長，也意味著社交時間被迫變少，進而影響整體的幸福感。

這一點，對照薇仲不只一次語帶義憤地提到，「為什麼基隆的年輕人無法留在基隆工作？我往來臺北讀書、工作，已經整整通勤了十年」，可以得到充分的印證。

第二，要禁止汽車出入，保持公共空間的吸引力。作者在書中提到，一九七一年曾有一項針對舊金山兩條交通狀況不同的街道進行研究，記錄當地居民的行為後發現：在車輛較少的街道上，每個居民平均有三個當地朋友和六個熟識的在地人；而住在交通擁擠街道上的居民，通常只擁有一個當地的朋友，和三個當地熟人。原因為何？因為行駛中的車輛讓人們感覺不安全、容易分心，再加上對汽車噪音感到煩躁，所以會降低外出的意願，自然也減少了與人接觸的社交機會。

此外，整潔友善的公共空間可以使城市更適合社交。垃圾、塗鴉和破敗龜裂的路面，已經證實會在潛意識裡讓人產生恐懼和焦慮，尤其是老年人。公共空間可以給城市居民片刻喘息的機會，也許是去看看展、讀讀書，或是散個步看看綠植花草抒放身心。難怪，不論是我、佳君或者薇仲的參與式預算的里民提案中，公園、活動中心或圖書館等公共場域，永遠占有極高的關注比例。

緊跟著快樂城市的第三項關鍵，說的正是，小而密集且多樣化的公園，最能讓城市人感到快樂。作者表示，多數城市的草坪和公園經常被設計成開闊的空地，只有少數幾棵樹木點綴其中。但研究顯示，即便只是小小的自然空間，便足以在人們的情緒上創造大大的奇蹟，特別是花園的景觀愈多樣、愈複雜，植物種類愈繁多，身處其中的人們就會愈感到放鬆滿足，進而促進人與人的互動。

城市化壓縮了居民的快樂空間

根據《二〇二〇世界快樂報告[1]》（*The World Happiness Report 2020*）中「城市與快樂」（Cities and Happiness）單元的資料顯示，「現今約有四十二億人生活在城市地區，占世界人口的一半以上（五五・三%）；到二〇四五年，這個數字預計將增長一・五倍，達到六十億以上。在本世紀初的二

○○○年，有三百七十一座城市的人口超過一百萬；二○一八年，這數字為五百四十八座城市；到二○三○年，預計將會出現七百零六座百萬人口的城市。

與此同時，人口超過千萬的超大型城市（mega city），數量預計將從三十三座增加到四十三座；這些超大城市多數位居南半球，其中亞洲和非洲增長的速度最快。目前，世界上人口最多的三大城市分別為：東京的三、七四○萬、新德里二、八五○萬、上海的二、五六○萬居民。隨著城市化進程速度加快，預計到二○五○年，全球每十個人中就有七個人是城市居民。」幾段文字，一下子清晰勾勒出世界城市的地圖。

然而，在城市不斷膨脹的情況下，相對給城市生活的質與量帶來了嚴峻的挑戰：像是不斷推高的房價，「導致近十億城市貧困人口，生活在城市周邊非正規的住宅區，這群人很脆弱，經常受到犯罪活動影響。而公共交通基礎設施缺乏，則導致城市內部交通壅塞，並帶來危險等級的空氣汙染；根據二○一六年的估計，九○％的城市居民長期呼吸不安全的空氣，導致四百二十萬人因環境空汙而死亡。」在這種高速城市化和低效率土地利用的雙層夾擊下，城市生物多樣性快速喪失，為公園和綠地等公共空間帶來不小壓力。

《「蛋糕馬路」與「喇叭之都」

《二〇二〇世界快樂報告》這份報告，和我們熟悉的各種排名方式不太一樣，它不是透過主辦方條列出各項定性或定量的指標，然後由上而下給各大城市打分數。他們反而採取由下而上的方式，讓城市居民自己決定，哪些指標才是大家真正在意的項目。如此，再透過蓋洛普世界民意調查（Gallup World Poll）的模式，展開對當地十五歲以上常住居民抽樣調查；調查期間限定為二〇一四至二〇一八年。

結果出來，排名前十的城市，一面倒被斯堪地那維亞半島及周邊國家霸榜了：赫爾辛基（芬蘭）和奧胡斯（丹麥）是冠亞軍；哥本哈根（丹麥）、卑爾根（挪威）和奧斯陸（挪威），分列五、六、七；斯德哥爾摩（瑞典）排名第九。其餘的分別是，紐西蘭首都威靈頓排名第三、蘇黎世（瑞士）第

丹麥城市的馬路規劃，讓人與車上街都備感安心。

四、台拉維夫（以色列）第八、澳洲的布里斯本第十。

去過丹麥（長期盤據世界第二快樂的國家）哥本哈根的朋友曾經跟我聊過，她在那座城市發現一個滿獨特的現象，就是市中心周邊的許多馬路，幾乎都採取高中低三層的設計：最高層是行人專用、第二層是單車車道、最低的那層是留給汽車跑的，而且汽車隨時可以靠在路邊停車。這樣人車分流、汽車隨處可停的設計，讓任何人上街都備感安心，沒有爭道、搶停車位的壓力。朋友合理懷疑，正是因為那種三層街道設計的「蛋糕馬路」，讓她在哥本哈根停留的半個月當中，只聽見過一次汽車喇叭的聲音。這樣人性化的城市，怎麼可能不祥和、不快樂！

對照另一座城市，相信很多人也都在網路上看過這支短片：印度孟買車滿為患的街道上，喇叭聲此起彼落，交響成恐怖的城市之歌，孟買警方甚至自嘲他們是全世界的「喇叭之都」。孟買是全球第四大交通堵塞城市，塞車率高達六五％，駕駛人每年平均耗在堵車的時間，長達八天又十七個小時，搞得每個駕駛人只要一上路就開始抓狂；特別是在等紅燈時，駕駛人更是失心瘋習慣猛按喇叭，不是催前車，而是在催紅燈秒數跑快一點！

亂按喇叭造成的路口噪音滿天飛，不但傷害大家的聽力，還會讓人加速心跳、壓力上升，讓交通的混亂雪上加霜。為了遏止噪音汙染問題，孟買警方最後只好祭出殺手鐧，用新型的「懲罰性智慧交通號誌」和駕駛人鬥智，只要汽車喇叭聲量超過八十五分貝，紅燈就會重新計時，好好教育（訓）駕駛人，「叭愈吵，等愈久」（Honk more, wait more.）欲速則不達。此後孟買的駕駛人不但學會自我克制不亂按喇叭，恐怕還會相互約制「笨蛋，問題就在按喇叭啦！」據後續報導，此招成效良好，印度其他城市也打算跟進。由此，我們不得不全然接受蒙哥馬利的觀點，確實「是設計，讓城市更快樂」。

《用公民權打造自己的「北歐城市」

《二〇二〇世界快樂報告》唯一名列前十的亞洲城市是以色列的台拉維夫，若再一路往下查詢，得等到排名第三十五，才出現第二個亞洲城市——阿拉伯聯合大公國的阿杜達比；臺灣臺北第四十七名、日本東京第七十九、南韓首爾第八十三、中國上海八十四。雖然亞洲整體表現不見得是最墊底的（但吊車尾最後第一百八十六名的，還真的正是亞洲國家，阿富汗的首都喀布爾），不過我們可以明顯發現，快樂城市確實離亞洲國家遙遠了些。

所以，當我們環顧世界一周後，終究還是要把眼光調回來面對自己的家園。你的城市／鄉／里快樂嗎？每一回推門出去，你都是換上怎樣的心情？

1《二〇二〇世界快樂報告》也已經出爐，不過這份報告的重點仍比較偏重在COVID-19的影響，以及世界各地人民的處境，所以我們在此採用二〇二〇年比較屬於常態性的評比報告來討論。同時，毫無懸念，二〇二〇芬蘭五度蟬聯最快樂國家的寶座。芬蘭人民表示，他們的公共服務設備完善、犯罪率低，也少見歧視現象，人與人之間、人民與政府之間，都有比較深厚的信任與情感。

07

一個精神科醫師的武林——

衛服部心口司司長 諶立中

從小就喜愛武術，立志要變大俠。

高中太極拳、大學佛學社、到霍普金斯研究所時，已練就隔空發氣。

人生前三分之一，猶如生命中的第一座「武林」，充滿奇俠、佛性與隨喜。

此後，就這樣，帶著從第一座「武林」習得的武功，勇闖人生第二座、第三座「武林」：不論是用生命引導病患的精神科醫師，還是，隨時有可能會被猛烈質詢砲火釘在議會上的心口司長，但凡想要有所為、願意任事，武林大俠從來就是沒有嫌惡江湖艱險的權利！

向來都感覺司長像是個「文俠」，身形頎長、慢條斯理，對人總是定靜而語。我們是在二〇一一年司長擔任新北衛生局副局長時認識的，當時就感覺彼此氣場相近，私心裡盼望可以進一步接引他認識我所信仰的法門。結果後來發現，司長才是真正的「大師兄」，不但影響了我放棄對法門的我執，甚至進一步理解到，不論佛道或基督天主，只要是教人為善，任何宗教並無二致，不須有分別心；甚至連這本書的書名「老實服務」，最早也是出自他的曉諭。

就某個層面來說，我在司長身上看到了，「宗教即是生命之事」的最佳演繹。例如他和病人之間，除了正規的精神疾病治療，像是放鬆治療、認知行為治療、心理治療、團體治療等等，多數時候，他「反而更像是用自己的生命，來帶領病人的生命；比起其他精神科醫師，可能更多了一些宗教和哲學的角度。」

司長擔任醫師工作期間，只要看診，幾乎都是半夜才回到家，因為每個診他平均給半小時到一小時的時間，就是要讓病人感覺充裕、受到尊重。他認為，「這些其實都是醫師該做的。只不過，不見得所有病患都領情。早期在偏鄉地方看診時，常常會遇到病人跟我談了半天，沒開藥給他，他們就抱怨，『來這邊看了半天，結果一顆藥都沒開給我，實在很虧』。」司長促狹地笑說：「其實我心裡在想，應該是醫生覺得比較虧才對。我跟你談了一個多小時，診療費那麼低，才三百元，比洗頭小妹洗一次頭還便宜。」

這番自我解嘲的背後，其實隱藏了司長疼惜病人的心。他的原則是，「只要能不靠藥物控制，有需要的話就盡量給病人時間，陪他們一起找方法。」沒人愛吃藥，吃藥需要很自律、甚至數十年如一日，是一場意志與毅力的考驗。「而且精神病的藥每種都會有副作用，頭暈、嗜睡、反應變鈍……作用在腦部的藥，每顆都有十種、八種作用，只要是身體不需要的，就變成副作用。」為了照顧數百名老病號，司長不論走到哪個職位，始終至少保留國軍桃園總醫院（八〇四醫院）的一個診，就是怕大家有需要時找不到自己，因此有病人一跟，就跟了他三十年。

無論走到哪一個職位，司長始終保留八〇四醫院的門診，只為讓病人有需要時還是可以找得到自己。

／照片：諶立中提供

武俠夢，從高中開始照三餐練打坐

若非為了出書特意訪談，我恐怕不會知道，原來平素篤實沉穩的司長，背後竟有著這麼有趣的成長歷程。而先前對他「文俠」的感覺，原來其實來自他「武俠」的底蘊。

「年輕時我很喜歡武術，立志要變大俠。」那高中社團第一志願當然是國術社，當年成功高中的國術社赫赫有名。結果碰上國中同學，面對自己羸弱的外表，司長竟不好意思說出口，只好跟同學一起進太極拳社。人是進去了，心卻仍留在要打通任督二脈，練一身武功高強，好鋤強扶弱。「所以從高中時期就開始學習打坐，早上起床要打坐，中午同學吃飯我也打坐，晚上睡覺前更必須先完成打坐功課。爸媽擔心我會不會走火入魔。」

就讀美國約翰霍普金斯大學公衛學院精神衛生研究所時，因緣際會，司長又巧遇武林。那時剛好有位中國氣功大師在當地召集弟子開三天特訓課，於是他被朋友「夾帶」入會，跟著兩位氣功大師研習了一小段時間。「因為原本就有底子，所以精進很快。研究所時期，我每天除了讀書就是練氣功，已經可以隔空發氣；隨時感受到有股氣從百匯穴進入體內，那股氣是有重量感的，彷彿與宇宙融合。」

兩位大師中有位師父屬於「辟穀派」，專門修練如何自天地吸取精華，不必吃飯，師父平時連水都不喝。「集訓的三天我都沒吃東西，只喝水；不過有天晚上回宿舍還是偷吃了點水果，因為嘴很饞，不餓，是貪慾還在。隔天打坐時好奇問旁邊的師兄，你多久沒吃飯？他說，一年半；再問另一位，三年！我真的太驚訝了。」這我可是第一次聽說，忍不住好奇，以醫學角度怎麼看？「從醫學角度看，完全無解。那是道教的一支，有『辟穀成仙』的說法。據我所知，臺灣目前也存在有這樣的高人。」

都聊到這份上了，怎麼可以不央請司長趕緊露兩手功夫來瞧瞧，他立刻搖手說：「現在不行了，必須持續練功才行。」司長回憶執業生涯中，曾經遭遇兩次思覺失調病患的嚴重攻擊。第一次是他的一位學長，可能由於經驗不足，反應不過來，直接被飽以拳打腳踢；再次面對病患強勢攻擊時，已經有餘裕思考，「那一瞬間就想，把武功拿出來用一用吧，想用兩指扣壓對方的頸部，讓病患先靜定下來，結果兩根手指差點脫臼……」

人生總在轉彎處發現方向

「高中原本念甲組（理工），聯考考上臺大造船系，那些志願根本亂填的。我不喜歡造船。」剛好有朋友要去考國防醫學院（正是拉司長進太極社的那位），又因為「有伴」，就這麼莫名從甲組穿越到丙組（農醫）。「結果跟爸爸吵了三天，他才同意我去讀國防醫學院。我爸是職業軍人，一生軍旅，覺得人生很窄，沒有退路，不要我重蹈覆轍。」

「但真的只是年輕叛逆，好朋友最大嗎？」司長自我剖析：「也是到前幾年才突然頓悟，人生多數並不是從小立志當什麼，就會變成什麼；反而是因為我們曖曖內含的某些初發心，已經對人生有了些看法和基本態度，是那些事情決定了，當面對抉擇時，我們會如何配合深藏在內心的動力，去選擇自己要的方向。」

「不過，大學時參加佛學社，仍舊是因為好朋友拉我去的。」司長有些不好意思呵呵了兩聲，但強調，「再加上當時佛學社大我兩屆的學長一進我們宿舍，就跟我鞠個躬說：學長好。我立刻疑問，不該你是學長嗎？軍校裡向來階級嚴明。他說不對，在學佛人的眼裡，每個人都是學長。太感動人了，就衝著『每個人都是學長』，我二話不說進了佛學社。」

積攢了高中時期太極拳老師的引領，再加上自己勤讀《因是子靜坐法》等書籍自修，進入佛學社期間，一邊深入佛法，一邊也初體驗了，氣流隨呼吸之間在筋脈裡面流動的奧妙感受，只是此時任督二脈還沒完全打通。

「老實服務」與「才智服務」

我在想，司長把人生最精華的歲月放在習武、學醫、修佛，除了是個人興趣，恐怕也蘊含了某種特殊的機緣，就如他所說「曖曖內含的某些初發心」。

這同時讓我憶起，一直縈繞在我心頭的「老實服務」四個字，其實最早便是出自司長之口，是他把佛法中的「老實唸佛」，改成了「老實服務」。

這道理，與國父孫中山先生倡議的，「聰明才智愈大者，當服千萬人之務，造千萬人之福；聰明才智略小者，當服百十人之務，造百十人之福；至於全無能力者，當服一人之務，造一人之服。」似有些雷同，但又有些不同，不是那麼直觀地把人三分。現在回頭看司長這一路的學習歷練，很明白其實那便是在實踐他的「老實服務」，雖然最一開始或許他不是那麼明白。

司長之所以成為精神科醫師，一方面可能受打太極的影響，二來可能與喜愛探討哲學有關。高中時期開始，三個太極拳社的大男孩，除了練拳，就喜歡聚在一起聊生命、探人生。「這項興趣延續到大學，便開始大量閱讀心理學相關書籍。大七實習時，發現自己的手腳不夠靈巧，不適合外科；內科想走心臟科，但太熱門大家搶；剛好那年出現精神科的缺，又和自己的志趣契合，想想這應該就是自己該走的路吧。」

「我們那屆有一百五十名畢業生，前三十名畢業可以留校當助教，所以醫學院畢業下完部隊後，我便回三總服務。有位老師特別提醒我，精神科醫師不該受宗教牽制，更不可以因為自己的信仰慫恿病患信教，這樣違反醫師的中立原則，要每種宗教都接觸、都了解。」雖然司長最終沒能把聖經從頭看到尾熟讀，但通過接觸與理解，對他後來的精神醫療影響深遠。

國軍桃園總醫院八〇四醫院新成立精神科時，司長自願接下主任職務。龍潭早期居民分布大致是客家、外省、閩南三分，總人口約十萬。「當初自以為武功高強，結果在三總學到的，到這邊完全無用武之地。特別是鄉下的老先生、老太太們，想用 Talk Therapy（談話療法）那套，根本沒法溝通。」那是另一片武林，得想辦法修正招式，「於是從他們的生活去尋找切口和改變。我嘗試過一些不同的方法，像是導入宗教，善用他們懂的語言跟他們說話。」

十唸法與二十分鐘的禱告

近五十年來，臺灣很多疾病都倍數成長，根源就在工商業社會，大環境節奏快速、變化複雜，人人都活在壓力底下。而往昔家族為主的社會結構逐漸消失，甚至有更多走向單親或隔代教養的破碎家庭，可以支援個人的整體力量愈來愈薄弱。這兩股力量一長一消之下，人的心理精神層面難免愈形孤單脆弱；特別是躁鬱、憂鬱、恐慌這類的心理問題，大多源自環境和壓力。

「以前大家心裡有過不去的坎，也許去求佛拜菩薩或借助禱告就可以解決。但現代人對信仰比較淡了，背後主要的支撐就落到家庭，但家庭力量又逐漸式微……這是社會西化難以避免的結果。」司長應該是看清了現代人心靈的空虛，所以想試著幫大家找回單純美好的心靈年代，因此採取了多數精神科醫師不會嘗試的方法。

「甚至只須把病人散唸的習慣改掉，改成『十唸法』，一口氣專心致志唸十遍阿彌陀佛，只要一岔神，就重頭來過；或是把每天禱告三分鐘，改成每天讀經一小時，早晚各禱告二十分鐘以上，盡可能把恐懼憂慮告訴上帝。」這和信仰治療（Faith Healing）不同，不是借助神力從外治癒疾病，反而是誘導病患靠自我的能量，催化出更強大的信仰力量，為顛簸崎嶇的心路找到一枝寧靜安穩的拄杖。「很多時候，可以在短期間內看到心理病患的改善；但精神疾病大多與遺傳有關，不見得完全適用。」

經此爬梳，我漸漸明白了，司長其實是在把他最上乘的武功「老實服務」，點滴傳授給病患。任何時候，特別是在面對多數人無能為力的病痛時，首要之務便是要「服務」自己的身心。這是最基本，也是最重要的。如果我們對自己夠「老實」，便不會執拗、不會拒斥，願意把自己放下、交出來，接受自己的「服務」。千萬別小看服務自己這件事，因為我們在服務自己的同時，等於也服務了一個家庭、一整個社區；甚至按不同程度，還可能服務了整體社會、乃至一個國家。這，正是「老實服務」與國父「才智服務」最主要不同的地方。

「過動」是份會惹麻煩的禮物！

門裡門外，進入公門，那絕對是另一座武林、另一種型態的修羅場，但司長卻寧願老實這樣想：「人生很多事情是有因有緣有結果的，通常不是個人可以完全掌控，我們只須老實做好自己能掌控的部分，其他就隨緣吧；機會來了，就看自己是不是有 do something 的心願，有的話，就勇敢推門走進去，不管如何都要承擔下來。」

好比二〇一四年司長因為擔心，注意力不足過動症（ADHD）兒童錯過早療黃金期，所以主動協助新北市率先推動國小二年級生「注意力不足過動症篩檢計畫」，結果引發社會很大的聲浪。批評者認為，這樣會給過動的孩子貼標籤，並且太快將過動與醫生、藥物產生連結。「但其實這個補助計畫，是先透過家長自行評估，若是認為孩子有過動傾向，就由衛生局撥補助款去掛號評估。然後我就被釘在議會上，十多位議員輪番上陣，指責我怎麼可以如此蠻幹。」

會擔心過動是一種標籤，是因為大家對過動留有「壞小孩」的印記，像是學習力不佳、衝動、不合群等等。其實，司長的三名子女都是過動兒，甚至唯一的女婿也過動，第一個外孫女，也是過動。「過動的遺傳性很強，我猜，我太太應該也是過動。」司長家是個名副其實的過動家族。

「但我的想法比較正面：全體人類大約有一〇%是過動，會持續保留這麼高的比例，應該顯示這不是一種病，反而是一種 gift；是上帝造人的時候，刻意留下一部分這樣的基因，因為這類人不遵循常規，比較跳 tone、比較創意，對人類文明的演進反而是好的。」

話雖如此，每個個案的狀況輕重不一，就像司長的女兒和小兒子，都曾經透過藥物協助，才順利完成學業。如今女兒成為特教老師，小兒子讀成大設計系時，便邊讀書邊創業；大兒子成大設計系畢業後，目前在荷蘭工作。三個過動兒有三種不同症狀表現，透過不斷的運動、陪伴、討論以及搭配藥物，孩子們才總算整理出如何安頓好自己的身心。對此司長曾對媒體表達：「我只是捏了一把冷汗，還好他們都順利過來了。」

所以在司長老實服務的性格之下，自然會急於想幫助更多潛在、需要拉一把的過動兒，以免陷入不必要的成長風暴。「事實上，這事件背後還牽涉一個反精神醫療的外國宗教組織，是他們發動很多人寫信給議員，攻擊這項篩檢計畫。」雖然這項計畫實施不到一年便喊停，但我相信在司長的心中，必然仍舊期盼著能有那麼一天，不論以任何形式，這計畫的初衷能透過時空的梳理，再度被社會同理，讓過動的孩子可以不再孤立無援，過動兒的父母不必再頻頻到校向老師同學說抱歉。

延伸閱讀

《隱谷路》

去年底，臺灣出版了一本在美國引起市場關注的書籍，由調查記者羅伯特·科爾克（Robert Kolker）所撰寫的《隱谷路：一部解開思覺失調遺傳祕辛、深入百年精神醫學核心爭議的家庭調查史》（*Hidden Valley Road: Inside the Mind of an American Family*）。這本書同時被美國最具影響力的脫口秀天后歐普拉（Oprah Winfrey）及美國前總統歐巴馬（Barack Obama），納入他們二〇二〇的年度選書。

雖然《隱谷路》在臺灣並沒有像在美國引起社會這麼大的回響，但因為我的服務處天天敞開大門，早已經扮演著社會安全網中「心理衛生服務站」的角色，經常必須協助暫時看顧或通報精神、心理陷入困難的民眾；再加上有時聽司長談起看診的經驗，讓我對這本書中的個案家庭，擁有十二個孩子，但十個男孩中有六個都是思覺失調患者的蓋爾文一家，印象深刻又震撼，既同理更同情。

無法馴服的狂躁基因

從一九八〇年代起，蓋爾文家便成為美國國家精神健康研究院研究的第一批家庭。男主人唐．蓋爾文是名退役空軍上校，女主人咪咪則來自名門望族，兩人在當地都頗有名氣，過著與政商名流往來酬酢的體面生活。然而這個表面看似再正常不過的中產階級家庭，到了孩子接連步入青春期之後，當中有六個男孩的舉止，卻陸續逸出常軌，甚至到了駭人耳聞的地步：

被寄予厚望的長子唐諾德，深信自己是章魚的後代，會無故虐殺貓，或衝入熊熊營火自焚、多次企圖以電線勒斃自己，最後被送進精神病院。次子吉姆和大哥唐諾德經常暴力相向，自己走在街上時會沒來由突然用頭猛力撞牆，有時則突然躍入湖中；婚後，他家暴不斷，最後甚至性侵自己最小的妹妹，卻什麼也不記得。四子布萊恩，可以說是個才華洋溢的音樂天才，直到他打電話通知媽媽前來收屍——他槍殺了前女友，然後舉槍自戕，才終於結束自己扭曲的命運。老九馬修是個陶藝家，他要不相信自己的心情可以控制天氣，要不就以為自己是披頭四的保羅．麥卡尼。喬瑟夫的病情最溫和、病識感也最強，一生都無法擺脫幻聽的困擾。家中最小的男孩彼得，在眼看見父親中風倒地後不久，在學校發出怪叫，接著便被緊急送入精神病院，躁狂暴戾地度過一生……

一般家庭該如何面對這樣的一次又一次狂暴的失控？書中描述，唐與咪咪曾以馴鷹為業，他們透過把尚未成年的鷹隼眼皮縫合，剝奪猛禽的視覺，如此一來，就算鷹隼再凶猛也只得臣服，完全依賴馴鷹師的聲音跟撫觸，來導航牠們的世界與生命。而作家吳曉樂的一段書評：「這是縝密的加害與控制，隨後猛禽的服從跟斯德哥爾摩症候群沒有太大的出入。這與他們後來養兒育女的經驗產生極大的對比：他們再怎麼努力都無法馴服他們家狂躁的基因。」讓讀過的人，無不對此精準的解讀與隱喻，感到特別怵目驚心。

這些，或許都不是書裡面最想要傳達的意涵，不同生命經驗的讀者，會有不同的閱讀角度：有些人關注十二個孩子的父母親如何面對，發生了六次「我的孩子發瘋了」；有的人關注，那六個發病的男孩，究竟歷經了怎樣無法想像扭曲幽暗的群魔世界；有的人則可能想探討，另外沒發病的六個孩子，如何被「下一個會不會是我」的恐懼綁架一生……

思覺失調症（Schizophrenia）是瑞士精神病學家尤金·布魯勒（Paul Eugen Bleuler）在一九〇八年所創的精神醫學名詞，字首schizo意指「撕裂」，早期臺灣把這個醫學名詞譯為「精神分裂症」。根據世衛組織WHO的最新統計，目前全世界約有兩千四百萬思覺失調症患者，等於大約每三百人當中就有一人患有這項疾病（〇·三二%）。若持續服藥，六～七成可以獲得控制，大約一成可以完全復原。

紐西蘭五分之一人口有精神健康問題

二〇一六年，經濟學人智庫（EIU）曾發布「亞太地區心理健康與社會融入指數」（Asia-Pacific Mental Health Integration Index），針對受訪的十五個國家，對精神議題的照護、服務、環境、協助病患融入社會等面向進行評比，結果公布紐西蘭（九四·七分）、澳洲（九二·二分）、臺灣（八〇·

一分）分列前三。不過從總成績來看，擁有全民健保加分項的臺灣，在整體表現上與前二的紐澳明顯仍有一段相當的差距。

紐西蘭醫學協會在他們的官方刊物《紐西蘭醫學期刊》（*The New Zealand Medical Journal*）上說：思覺失調是一種慢性的破壞性疾病，在全球被列為二十五項主要致殘原因之一。這種疾病通常在成年的早期發病，呈現一種慢性病程，通常需要終身治療和監測。患者一般就業率偏低，僅有一一・九～三九・〇%之間；同時根據最近的一項研究發現，就業適齡的思覺失調病患所累積的個人收入，僅相當於一般人的一四%，顯見是經濟非常弱勢的一群。而一般精神病患者的就業率，則平均比非精神病患少了一三%。

從二十多年前開始，紐西蘭便致力推動全國反精神病患汙名化與歧視的運動；同一時期，「心理健康委員會」（Mental Health Commission）更呼籲政府制定綜合的公共政策，有系統地收集各項相關的需求、數據以及趨勢，以確切掌握精神健康照護與就業服務之間缺乏協調的狀況。二十多年過去，事實證明，仍舊有許多尚待改進的空間。可以見得，要讓精神病患者回歸社會，甚至有正常的就業機會，連做到第一名的紐西蘭都不免要面對改革的停滯不前。

深究紐西蘭「第二」背後的原因是，有高達五分之一的紐西蘭人有心理健康上的困擾；比例上女高於男，年輕人又高於就業適齡者，且教育程度較愈低的族群，發病率愈高；每年因此造成國內生產毛額（GDP）四～五％的損失。領取社會救濟金的紐西蘭民眾中，被判定為精神病患的就占了一半，這個族群在就業和收入上的巨大落差，貧窮的風險很高，約三五～四五％會落入低收入家庭。在這樣的社會背景下，精神疾病的照護與防治，勢必要成為紐西蘭整體社會努力的目標。

貫徹就業政策必先貫徹教育政策

從二十多年推動改革的這個基礎上出發，紐西蘭在面對心理健康這項議題的態度，已經從政策思考轉向政策執行，並在全民建立起高度的共識。大家都清楚，心理疾病盛行率高的紐西蘭，除了對個人及家庭造成傷害，同時也對公共支出及經濟成長產生不同程度的影響。近期又受到愈來愈多，工作對健康有益的有力證據的支持，正好可以作為制定「心理健康和工作政策」具體有利的起點。

於是，為了將就業列為心理衛生保健的首要目標，幫助弱勢青年順利就學、就業，就成了當務之急。精神疾病的主要特徵之一是，發病時間非常早，通常青少年甚至兒童時期便會顯現。因此，要想貫徹就業政策，在戰略上便必須將青少年和教育政策列為配套措施。由於精神健康問題從發病到第一次治療，通常會有十～十五年的時間差，因此早期對青少年精神病患去汙名化的支持，至關重要。特別是，紐西蘭青少年罹患憂鬱、自殘和自殺傾向的風險非常高，青少年自殺率更是經濟合作暨發展組織（OECD）四十一個會員國平均的兩倍多；幾乎是英國的五倍多、也是高自殺率日本的兩倍多。其中，以毛利人的問題最為嚴重。

你應該跟我一樣，愈多一點認識就愈感到錯愕。印象中，紐西蘭不是那個「閃耀著翠綠和金黃光芒的奇異果故鄉嗎？」不是「飽覽青山綠水之外還是青山綠水的世界第三美麗國度嗎？」然而根據聯合國兒童基金會（UNICEF）最新的報告顯示，紐西蘭近幾年雖從已開發國家中青少年自殺率排名第一的位置，退居至第二（每十萬人有十四．九名青少年自殺死亡），但反差如此大的紐西蘭現實，仍教許多嚮往大自然美好環境的人們，大大感到意外。

原來，紐西蘭諸多社會問題包括：兒童貧窮、兒童虐待、少女懷孕、霸凌和家暴等現象，都是這項令人震驚的統計資料背後的成因。有鑑於此，紐西蘭政府早於二〇一二年便啟動為期四年的「青少年心理健康專案」，跨出針對青少年（主要是十二～十九歲族群）精神健康非常重要的一步：共投入六、一九〇萬美元的經費、推動二十六項跨部門措施；這些措施目前多數仍持續執行，包括擴大心理健康服務、改善弱勢群體獲得公部門服務的機會，以及一些以學校為基礎的方案。此外，近期更有一系列令人印象深刻的新措施，例如：提供青少年綜合支援或轉診專家的「一條龍服務站」，有效攔截並預防逃學的「出勤服務網」，建置函授學校、替代教育或教育中心等途徑，協助青少年完成體制外的教育。

「心生活」的路依舊迢遠？

在臺灣，除了公部門體系如常地運作，也有一群人在默默協助試圖找到一種可能的「橋接模式」，讓精神病患者可以找到重回人群、重回社會的路。例如長期以來投身為精神障礙病友發聲的「臺北市心生活協會」總幹事金林，她便是臺灣近期精障公益團體重要的指標性人物之一。

小金林幾歲的弟弟，服役時期進入高壓力的海軍陸戰隊而病情大爆發，被診斷出罹患思覺失調症。提前退役回到家中的小弟，狂暴到讓所有家人手足無措、天天陷入無名的恐懼。接下來金林與家人必須面對的嚴苛考驗，與其他病患家屬並無二致。幾度把弟弟強制送醫短暫住院，反覆的療程，並沒能真正讓患者穩定康復，幾次剛出院時病況反而更加難以控制。金林曾一度擔心自己可能有天會被打死，交代「遺言」，要同事替她控訴：「這個國家、社會沒有給精神病患者和家屬任何幫助！」

慘烈不代表慘敗，震驚過後，金林開始理性思考，她決定要參與各類相關的學習團體，她要了解精障的世界。這趟理解之路，讓她感覺到自己和弟弟愈來愈靠近。

下定決心首先必須自助人助的金林，後來與幾位病患家屬共同成立協會，著手統籌如何協助精障家庭及病友後，她有了更深刻的體會：「之前以家屬的角度只能一直講政府你沒做、政府你沒做，可是等到我們真正做的時候也是會發現，其實困難也是很多；還有精神疾病真的是跨多元的領域，這是一個比較複雜、困難的事情，在人類天性裡面就會把這類事情往後延拖……」

「心生活協會」二〇〇三年成立，隔年便開了全臺北市唯一一家座落於都會社區、單獨收治精障者的庇護工場「心朋友的店」，這是一家完全由病友及志工媽媽們共同經營的餐廳。選址在都會社區開店，除了尋找客源的考量外，應該也代表了一種決心，不迴避、不退縮，就是要讓病友們與社區有更多更直接的接觸，學習如何更自在地在人群中工作與生活。

當然，這樣的決心必須付出極高的代價。從開業的第一個月起，「心朋友的店」便虧損三十萬元，接著逐年擴大財務缺口，整個協會最高曾年虧一五五萬元；到二〇二〇年七月，不論靠補助或捐款都已無力回天，「心朋友的店」只能選擇熄燈關門。雖然令人惋惜，但「奮鬥十五年並非全無所獲，幾位資深的『甜心』（對病友的暱稱），有的已能勇敢上街叫賣、有的可以端菜送飯服務客人，他們大多感覺在此找到自己存在的價值。」

許多關心的朋友會在財務上提些建議，但金林認為，有更多情況是難以用金錢計算的。例如，「協會長期採用紙本的會訊，印製費、郵寄費累計起來都是不小的開銷。就像前年我們舉辦的會員大會足球體驗活動，在參與活動的病友中發現新面孔。詢問之下，他告訴我們，其實那些會訊已經在桌上擺了十年，他都有看到……」金林反問，「那麼，以十年的印製和郵費，換一個病友願意走出自己的小房間，加入人群，值嗎？當然值！」（特別是經過這場疫情，更加凸顯病友們數位落差的嚴重性，今年協會預期將會為病友開辦使用手機的教學課程。）

當然，店收了、燈熄了，金林的心卻從沒收回。縱然經費籌措困難重重，「心生活協會」近期仍馬不停蹄帶領著病友及家屬，開課程、辦畫展；金林自己也始終積極不輟，持續偕同不同單位、團體或力量，參與各項回應《精神衛生法》修法的活動、跑公聽會、上媒體傳達訴求。這條路必然迢遙，不過從金林的身上可以看見，但凡只要有一絲機會，這股力量便不會放棄為精障家庭或病友創造「心生活」的機會。

這是一道非常棘手難解的課題，對全球任何一個國家，任何一個個人、家庭或社會，無一例外。這道課題不會因為一項法案或是某個決定，便立時迎刃而解，只能靠不停歇的腳步、不放棄的鬥志，路就算遠一點也沒關係，最終只要到得了目的地，一切就值得了。

08

打擊魔鬼
追求公平正義——

臺北地檢署檢察官 林達

「大家都不想要的缺，沒關係，我去，相信那裡會有不同的收穫。」像是操死人的臺北地檢署，嚇死人的空特部傘兵隊，他全都跳出來爭取。

重點是，只要能「練力、練技、練膽、練心、練指揮」的地方，就是好地方，就是好工作，就是好機會，慣常在逆向思考中發現桃花源。

「其實人不怕累，最怕不公平，因為心理、情感上會跨不過去，這個最傷。」他堅信檢察官是國家機器裡重要的制衡力量，要去制衡執政者、制衡權貴，所以他練了那麼多、練了那麼久，為的就是要創造更好的公平社會。

前法務部長邱太三曾在媒體面前稱許林達是個「能說能寫」的檢察官，與眾不同。我反而認為「能說能寫」的人必不在少數，是「願說願寫」與「敢說敢寫」更加難能可貴。所以我們經常可以在各媒體上發現林達犀利的投書，每個主題都是直接戳痛社會神經的敏感議題。而他也認為自己的性格，「一直都是比較喜歡去迎接挑戰。」不論是面對公義，還是自己。

林達是在讀法律研究所時考上司法官，選填法官、檢察官志願時，跟大學聯考一樣，一般依照成績排比分發。「我是四十一期，那時候大部分人會先選法官，之後才是檢察官。」然後檢察官的工作還會因地區別，分好單位、壞單位，工作分量大、很操的單位，自然乏人問津。「當時臺北地檢署算是比較不好的缺，很累很忙，基本上沒人會去選臺北地檢。」

沒人要的，林達就是會撿起來當挑戰。

他想，反正家、學校都在臺北，留在臺北也挺好。「雖然我的名次可以把法官填在前面。實習的時候，大家都會私底下討論想要選哪裡，既然臺北地檢署這麼挑戰，我就說自己要北檢，大家還玩笑起鬨，『那你根本就不用讀書了，不必拼前面啦』。」可能因為林達無意間傳達了「不爭」的心跡，大家覺得他是競逐仕途上的無害動物，很快結交了一堆朋友。

早慧的檢查察官

到了北檢，果然不負眾望，很操，他「半工半讀」大概一年之後，研究所畢業就去當兵。你以為這是林達在「耍帥」嗎？其實他向來都是這種偏往虎山行的性格。

從二〇〇三年 SARS 爆發，林達義無反顧進入和平醫院，成為全國第一個進入疫區驗屍的檢察官；二〇〇七年擔任最高檢特調小組成員，負責偵辦拉法葉軍購案；二〇〇九年原本是陳水扁前總統弊案的公訴團隊成員，之後被徵召進入最高檢特偵組，負責偵辦此案；再到二〇一一年破獲引起社會關注的裝潢詐騙案件……才三十出頭的林達，可說是個早慧的檢察官，他敢衝敢言、見不公義挺身而出，很快便受到社會矚目與肯定。

二〇一〇年林達加入緝毒專組，對他來說，更猶如一個奇異的轉捩點，一腳踩進「地表永不消失的產業」，與之周旋不斷。二〇一三年他精進北檢毒品資料庫，研發建置「毒品情資分析系統」，透過網狀的「複合情資圖」，成為全臺緝毒的利器。

二〇一四年林達轉任執行檢察官，對於「這些人為什麼永遠抓不完」充滿惶惑，於是他前後共主動邀約了一百二十九位藥癮者，聚在金華街的「咖啡小自由」，自由分享自己的藥癮人生；此時沒有法庭、林達不是檢察官，他只是個謙卑傾聽生命的學習者。此舉不但開啟他對毒品、毒癮的認識，更同理了藥癮者其實「是生命有了狀況」；同年，他在北檢提出戒毒輔導計畫；二〇一五年引進資源，協助民間成立「中華民國解癮戒毒協會」。

這段長達一年、與一百多位社會眼中「毒蟲」的訪談，讓林達像修行般，一點一點剝掉知識的傲慢，看清楚只想靠傳統思維用監禁「降魔」，根本不可能達到戒毒的成效。他慨然在媒體表示，「許多人對毒癮的認識，還停在林則徐的時代。」為了扭轉更多「生命有狀況」的藥癮人，林達集結民間力量與醫

林達檢察官提出戒毒輔導計畫，隔年並協助民間成立「中華民國解癮戒毒協會」。

／照片：林達提供

療資源，開啟了北檢藥癮者觀護的革命，至今他投身戒毒協會已是第十二個年頭。

練力、練技、練膽、練心、練指揮

為什麼林達肯這麼做？因為他練過力、練過技、練過膽、練過心，不願輕易放下對公平的執著，即便是「有罪的人」。

林達是臺大法律系畢業，考試基本都算是拿手戲，當兵時考上補給官特官。原本他是最低同分考上軍法官，結果往下比國文和中國現代史輸了，變成補給官。補給官管理後勤，棉被、內衣褲、鋼盔水壺什麼的。下部隊前要先到國防管理學院學受訓，幾個月後抽籤分發。「我們有三十三個補給官，有哪些籤大家都知道，裡面有三支是傘兵，空降部隊。」

不用想也知道，誰都怕當傘兵，所以林達式的邏輯又要出動了。「因為我哥是空降部隊傘兵，我覺得滿挑戰的，跟我媽打個招呼，媽媽說可以。我就跟同學商量說，如果你們誰抽中傘兵，我跟你換。」此話一出口，同學間怎不炸鍋？他倒是很自在，「大家都不想去的缺，沒關係，我去，我覺得應該會有不同的收穫。」

抽籤當日，國防部派員來主持，照例講解規定後給大家Q&A。林達乾脆一不做二不休，舉手丟出個怪問題：「抽中後能不能換？」當然不能。「那可不可以自願？」自願哪裡？「空降部隊。」所有人當場傻眼噤聲，這應該是隊部史上頭一遭。連國防學院的連長都跳出來阻擋：「你檢察官耶，別鬧了。那個很操，你不知道空降部隊是『早五千、晚五千，月入三十萬』嗎！」（早上跑五千公尺、下午跑五千公尺，月入三十萬公尺。）全班發出「快阻止他啦」的嗡響。主持人最只說了一句總結，「去簽切結書，不准反悔。」

於是，林達去到了屏東陸軍航空特戰司令部（傘兵部隊，簡稱空特部）。「我覺得跳傘本身就是練力、練技、練膽、練心、練指揮，這幾個字也大大寫在營區裡。人生本來就是挑戰，既然要當兵，就來當個能夠鍛鍊體能的兵、能練膽的兵、練心的兵。」這些都是他要的，所以才有雖千萬人吾往矣的魄力。

很多人埋怨當兵浪費生命，但單看林達都退役那麼多年了，每到冬季，那件藏青色空特外套還經常不願離身，成了他個人一種硬漢的標幟，即便他嘴上不說，旁人也能輕易感受到，那段「生死考驗」的日子，是他多麼光榮與勇氣的印記，他要永誌不忘。「完成傘訓對我不僅是一種體驗，更是一種蛻變、收穫。記得我第一次跳傘，很緊張，但是我膽子也很大，那次還偷藏了立可拍上去自拍。」這，又是另一種他專屬的「林達帥」，揉合了勇氣、反骨、無為與赤子之心。

領導統御的關鍵：公平、公平、公平

為了歷練領導統御，林達還拒絕了長官給他擔任軍紀監察組大熱缺「趙老師」的機會；「趙老師」類似「張老師」，一方面協助官兵法律申訴，一方面兼心理輔導。林達只是一個勁死腦筋，「我要練領導統御，就必須跟阿兵哥們一起生活。」所以接下來一年多的每個日子，他都跟阿兵哥在連隊裡生活，

「那邊的阿兵哥全都是南部人，很多是高雄、屏東人，有些臺南人，我是臺北小孩，藉由他們慢慢了解當地。我的領導統御不複雜，關鍵就在我會很注意公平。」

譬如排哨，最累的是凌晨一點到三點、兩點到四點這兩班哨，睡一半就會硬生生被挖起床。如果排哨的長官不講求公平或根本疏懶輕忽，經常會演變成有的人接連兩三天睏苦睡不飽，有的人則天天一覺香睡到天明，這樣的團隊怎麼可能和諧團結？「如何追求公平，需要用點腦、更要用點心。我都會回去翻兩三天前的哨班紀錄，否則倒楣的人就會自認為被霸凌、積怨，其他人都是既得利益者，誰會出聲？接下來要發生什麼事都難以預料。」防微杜漸是最省力的管理方式，所以管理者必須面面俱到、心思縝密，在不疑處有疑、在不覺處有所覺察。林達自認為，這是對他領導統御最重要的訓練。

另外，有些人就專愛挑大家體能訓練的時候出公差，「可以准去出公差呀，但不准跳過，我會另外找時間給你『補考』。」林達力行不靠嘴公平，要聰明地盯緊細節、加上些小手段，但手段要有彈性，也須事前告知，否則不教而殺便謂之虐了。時日一久，大家心中自然會有一把尺，清楚行止的標準，就算放牛吃草也出不了大錯。

「其實人不怕累，最怕不公平，因為心理、情感上會跨不過去，這個最傷。」

究竟是什麼養分養成了林達這樣的心懷？「是老子，不敢為天下先，不爭。」從大一開始，他一度很喜歡讀西方哲學，「只是看一段時間，發現西方哲學都在思辨，老實講，好像也沒有什麼出路。」之後他回頭探詢東方哲學，展開了研讀老子《道德經》以及修佛之路。我在林達堅定的眼神中看到他所說的「不爭」，是不與人爭，但好與理爭。沒錯，不爭，就不生私心；不私心，自然能做到公平。原來，因為無為，才最能有大開大闔的作為。

做就對了！

說到打坐、禪修，林達的道行比我高許多，他不但每星期持續上一次課禪修，「昨天禮拜天我還坐了快兩個小時的禪坐。」正是這長期修持的功夫，讓他不論身處何處，都能常保心、眼清明。「雖然人世間一切都會幻滅，可是我們既然降生這個世界，就應該懷慈悲心，讓世界更好；要活得更好，就要更公平。利用我們來人世間的幾十年，把制度做好，所以必須敢言，能做多少不知道，做就對了。」

「老子《道德經》說，『禍兮福所倚，福兮禍所伏』，福禍相倚。你做一件事情，就會必然有不同的收穫。我不是個高遠的人，別人不做的我就去做，像《道德經》講的，君子惡居下流，那我就去做；做完以後，看還有下一個事情，我就再去做。我覺得人生好像就這樣不斷地挑戰，不斷刺激你的腦力，很新奇地去做很多事情。」很喜歡林達實踐自己哲學的態度，難怪他總給人有用不完精力的感覺，也不會輕易感到挫折，只求「盡其在我」。

好比為了破除「萬年二審」的陋規，林達所屬的「劍青檢改」組織，極力促請法務部務必堅守司法改革「一、二審輪調歷練制度」，給檢察官們一個合理的工作環境，以及公平的人事制度。劍青檢改是從二〇一七年六月司改國是會議決議「一、二審輪調歷練制度」後，自主組成以基層檢察官為主要成員的團體，希望監督落實該項決議；此項議題已經獲得超過全國半數檢察官（八百多名）的連署支持。

「法務部可能在改革上有一些想法，我們擔心他們要走保守的回頭路。昨天我們幾個幹部就決定要寫聲明，寫到很晚，今天早上發出去。如果大家都不做，那怎麼讓制度更公平，我們要產生制衡的力量，我就必須去煩這個腦，去做這個事情。」

訪談當天，正好碰上有優秀的檢察官因心灰而決定去職，林達頻頻「出戲」，跳離訪談發問，滑開手機聯繫，花了好一小段時間才把焦慮的心定下來。「又有優秀的檢察官要離開了，希望他不要走！」

公平社會的基礎建設：制度

其實林達心中的那把尺已經很清楚了，他就是要尋求一個更好的社會，而所謂「更好的社會」，不二法門，唯有「公平」能做到。只不過我們也很清楚，這世界不存在完美的公平，關鍵就維繫在各項相互制衡的制度設計上。

「以民主社會來講，民主社會最重要的是要有好的政黨政治制度，因為權利或人都會腐化。我們每個人都存在貪婪自私的基因，所以制度需要互相制衡；民主政治其實就是制衡。政黨之間要有合理的互相制衡，也就是力量要均衡；朝過大野過弱，就會扭曲變形，沒辦法制衡。政府體制內各機關、部會也一樣，才不會有人過於囂張跋扈。我們檢察官是國家機器裡重要的制衡力量，就該要去制衡執政者、制衡權貴。」

其實就算不是長處政治環境的一般民眾，也必定很清楚制衡的道理，只是在現實環境裡卻經常並不那麼容易。「這不只是某某人的問題。我們之所以在這裡大聲批判，只是因為我們坐不到那個位置；換成是我們的配偶、我們的兄弟在那裡，他們也很自然會想照顧我們。這就是人性，不是嗎？」所以妥協就會不經意從縫隙中鑽出來。

「我從不相信人世間存在聖皇，也不會相信那種完美的人，我認為他們只是沒有機會（使壞）而已。」所以就像剛剛提到的「一、二審輪調歷練」一樣，從二〇一七年首度被提出，之後法務部採取折衷辦法，把二審分為新舊兩個梯次，新二審採新制，舊二審沿用舊制，看似有改革之心了，結果才四年，又開始出現雜音，蠢蠢欲動：「是不是要重新建立一些實缺，像是二審不用回來一審這種缺的遴選機制？」

為此，林達還在二〇一七年四月《蘋果日報》專欄上發表一篇名為「檢察人事改革，讓油水分離變活水轉動」的專文，為法務部宣示願意放棄對主任檢察官的圈選權，大表支持，認為是朝向檢察獨立邁出的第一步。二〇二二年三月，又為了擔心有人想對「一、二審輪調歷練」搞復辟，深夜撰文投書抨擊。「我們只是把觀點丟上去，就看法務部會怎麼因應。他們當然會有他們的規劃，但也會尊重我們，因為有時候我們講的也是有道理。」追求公平制度，無法一蹴可幾，舊勢力的反撲隨時會從角落竄出，那勢必要歷經一段長遠的拉鋸與奮鬥。

林達不擔心長官們覺得他很難搞，因為他的咄咄言行不是為了自己。他始終相信，體制不見得不願意開明改革，只是上位者必然背負諸多包袱，只能謹小慎微地緩步前行，「我們就代表一個比較尖銳衝鋒的力量，拉著他們、推著他們，他們就會看到可以這樣走。如果沒人願意出來講這些，一旦自己也晉升到某個位置的時候，愈到上面要考慮東西愈多、包袱愈重，就很可能不敢去做那個衝鋒者，因為政治風險太高。」

所以他決定，只要不忮不求，就能不受羈絆掣肘，改革這條路上縱有風雨，那也必定是另一番風景。

吸毒犯罪了嗎？

對林達而言，不公平的社會體制，是他亟於打擊的第一個魔鬼，第二個則是毒品。「這在我看來這有兩個層面，第一個層面是毒品對人心的危害，另一個層面是對司法的危害。」

主張吸毒除罪化的人認為，吸毒不危害他人，應該除罪化。但協助戒毒十多年的林達認為，「很多事情會成癮，喝酒會、打電動會，為什麼那些不算刑事犯罪？必然是有一些本質上的差異，只是大家講不太出來個所以然，只知道說吸毒會偷會搶，很爛。可是現在有些毒品，不會偷不會搶，譬如大麻、MDMA（搖頭丸）。」

林達提醒，現在的研究已經證實，毒品之所以被稱「毒」，就表明了它們跟一般物質不同，最嚴重的是會傷害人類大腦的「酬賞機制」（多巴胺系統）。酬賞機制會報酬獎賞人類的行為，人之所以願意努力，常是受到某種慾望所驅使，想要得到這種回報。譬如吃了某道美食，便能透過味蕾感受到新鮮的快感，所以渴望吃更多美食；做了某件好事，受到社會讚揚，感受大家對自己的肯定，便會積極行善。人類社會的運作，跟這個酬賞機制息息相關。

毒品的藥力消退之後，失去酬賞的人會對所有事情失去動力、陷入更深的絕望，只想吸毒，催生更多的類多巴胺物質；但這種類多巴胺會阻塞多巴胺接受器，不斷鈍化人腦的多巴胺系統。為了創造愈來愈爆炸性的快感，就愈來愈難脫身戒斷，對毒品的癮頭愈來愈大。在無力負擔不斷加重的毒品取得成本之後，很多藥癮者只能走上偷搶拐騙之途。

協助五分之一藥癮者找到回家的路

這是我們一般人對吸毒的認識，推動戒毒十多年的林達，同時看見了吸毒對司法的危害。「由於制度設計不良，以前我們花太多時間在緝毒。當然要抓沒錯，可是我們抓了太多人，卻沒有讓他們好好去戒毒。這個手段可能就是單純的關起來、禁戒。關起來，遲早要放出去；關愈久，這個人愈廢。這段關押期間，反而還為他們創造交流學習、互相比價的機會，很多人在裡面反而認識更多藥頭。」監獄彷彿成了吸毒者的職訓所或研究所。

這群疏離社會的人離開監獄後，要找誰舔舐傷口？當然只能回頭去找前獄友，抱團取暖。這正是林達長期推動戒毒教育的原因。他認為「可以解救的人，就不要關，要讓他們在社區裡生活，在社區裡訓練他戒斷。」社區裡就是有毒品，所以要能夠讓他們學會適應社區，學會不碰毒、拒絕誘惑，這會需要專業的衛生教育介入，也是解癮戒毒協會可以提供的支援。

「目前全國平均約有百分之二十的吸毒犯，我們會把他們從監獄司轉出去做戒癮治療；各地的地檢署狀況不一，一般大概是落在百分之十五到百分之三十之間。」

全臺灣二十五所監獄，長期以來不斷面臨人犯超收的壓力，不論受刑人或戒護單位，都難以獲得公平的待遇，更是社會資源的一種錯置與浪費；而監獄中基本上每兩名收容人中，就有一人是因為毒品罪入獄。所以林達要推動北檢藥癮者觀護的革命，替北檢與解癮戒毒協會牽線，共同研發「緩起訴戒癮治療多元處遇模式」，為的正是要幫助迷途的藥癮者找到回家的路，同時希望紓解司法體系與社會資源所受到的傷害。這種危害同樣也發生在其他許多國家，像是美國，每二十三秒（二〇一八年是每二十五秒）就有一人是因為持有毒品而被逮捕，一樣是對司法和警政體系造成沉重負擔。

如果我的理解沒錯，林達在解癮戒毒醫學的治療過程中，加入禪坐、匿名談話會等正面力量的導引，其實是試圖將他自己「練力、練技、練膽、練心、練指揮」的心法，灌注給每一個「生命有了狀況」的靈魂，陪伴他們找到力量、學習技能、建立膽識、安頓心靈，如此，才能指揮得動那個出了狀況的生命，重新回到平靜喜樂的軌跡，穩定運行，不再傷害自己與社會。

延伸閱讀

《毒家企業》

湯姆．溫萊特（*Tom Wainwright*）先前擔任知名媒體《經濟學人》（*The Economist*）駐墨西哥市的記者，後來轉任編輯，並為《時代雜誌》（*Time*）、《衛報》（*The Guardian*）、《華爾街日報》（*The Wall Street Journal*）等幾家重量級媒體撰稿。溫萊特在擔任記者期間（二〇一〇～二〇一三），奉命深入拉丁美洲，採訪報導全球最奇特又野蠻的販毒產業；之後，他退居編輯檯，並將自己探查的結果整理成《毒家企業》（*Narconomics: How to Run A Drug Cartel*）一書，在二〇一七年出版。

溫萊特表示，愈是深入探討毒品背後的故事愈發現，販毒集團在多方壓力底下，早已淬鍊出一套獨特的生存法則。販毒可以說是世界上獲利最豐厚的行業之一，據估計每年可以創造高達三千五百億美元左右的營收，所以也最頑強，如打不死的蟑螂。為了維護如此龐大的利益，他們不但擁有軍隊般的強勢組織與武力，更擁有驚人的創造力和適應力，甚至是企業家精神，為的就是要滿足全球超過二・七五億（UNODC World Drug Report 2021）的客戶。

販毒集團深諳銳意求變的道理，不斷汲取頂尖大型企業的策略和手段，組織經營嚴謹的程度，已和全球知名跨國企業相差無幾，從創造品牌價值到微調客戶服務，無一不包。他們會偷師全球最大零售商沃爾瑪壟斷賣家的方式，去壟斷種植古柯的農民，好壓低原物料收購價格；並要求供應商吸收成本，以維護自身的利潤。他們也效法全球最大跨國速食連鎖集團麥當勞，利用連鎖加盟的特許經營模式，以暴利吸引更多人投身產業，不斷擴張集團版圖與影響力；模仿全球最大線上零售商亞馬遜，把店開在網路上以節省成本，透過線上比價、宅配及加強售後服務，提高顧客黏著度。

溫萊特還觀察到，這些地區的政府沒能採取有效的政策，部分原因是他們沒有清楚意識到，販毒集團的本質，其實是結構複雜、戰略縝密的跨國企業。他們照樣需要聘請公關公司替他們擦脂抹粉，形塑親民愛民的形象；雇請正牌律師和政治風險分析師等，隨時監測新政策會對集團運作產生哪些影響，又該如何因應。

擁有特許經銷系統的販毒集團也會支付權利金，然而為了追求全球化經營，對於吸收最新資訊這項功課，可說一點也不馬虎。他們會定期研讀，有關各國經貿環境、全球競爭力等全球評比的各類權威報告，因為司法積弱不振、警察綱紀廢弛、政客顢頇無能、政府容易行賄的國家，都是他們最適合拓展境外業務的夢幻國度。

然而諷刺的是，在有些領域，販毒集團陰錯陽差地反而比正規的跨國企業還來得更具有優勢。最明顯的是，因為聯合國「麻醉品單一公約」（Single Convention on Narcotic Drugs）禁止對毒品設定規範或課徵關稅，結果讓販毒集團順理成章大剌剌地享受「關稅豁免」的優惠，全球化運作得更加順風順水。

反毒品戰爭「害之足以愛之」的矛盾

德國—巴西政治學家奧利弗・斯騰克爾（Oliver Stuenkel），同時也是巴西 FGV 國際關係學院副教授、德國非營利智庫全球公共政策研究所（GPPi）非常駐研究員及專業作家。他曾針對《毒家企業》發表書評表示，由於販毒在各國都是被禁止的非法市場，轉為地下化後缺乏透明的監管機制，遇見任何問題，無法透過正常的法律程序解決，唯一可以倚靠的「公權力」，便是暴力手段。

斯騰克爾相信，與毒品有關的暴力問題，很可能便是拉丁美洲社會動盪的最主要因素。以巴西為例，每年五萬多起謀殺案件當中，就有一半是跟毒品產業直接相關。這種動亂，嚴重影響拉丁美洲許多地區政府保護人權、促進國家／地方發展和提供公共服務的能力。

儘管政策制定者在「反毒品戰爭」中頻出重手，但全球毒品市場始終欣欣向榮：毒品交易量和品質都達到前所未有的高峰；任何政府擾亂或阻擋毒品貿易的努力，都沒能對這個市場的價格水準產生持久性的影響，彷彿船過水無痕。

「事實上，甚至許多針對改善毒品氾濫問題的公共政策，到頭來反倒幫了販毒集團一把。」我們可能很難想像，毒梟其實更歡迎嚴刑重法，這種律法不分輕重，抓到毒犯就把他們扔進大牢。而人滿為患的監獄，恰恰為販毒集團提供了一個豐富多元的「職訓中心」和「人才庫」，因為這些有案底的人關出來後，幾乎沒有選擇其他就業的機會，只能乖乖投入集團的懷抱。畢竟，販毒產業也和其他產業一樣，經常要面臨缺工、缺人才的危機，特別是他們每年都需要招聘年輕新血，以活絡組織的運作。（這一點和林達的體悟完全相同。）

《合法化是給販毒集團的「禮物」？

「最近美國幾個州毒品除罪化的趨勢，反而對販毒集團構成巨大威脅，因為他們為毒品建立了一個合法（和徵稅）的市場，可觀的獲利不再塞飽非法毒販的口袋。」從這個觀點來看，斯騰克爾認同溫萊特的說法，也相信從長遠來看，即使是讓海洛因這樣的毒品合法化，都將不可避免地成為反毒品戰爭「休戰」、甚或是「止戰」的解方。「例如在瑞士，海洛因成癮者可以從醫生那裡領取到免費的毒品（需有醫師處方箋），實際上已經減少了新用毒者（和相關疾病）的數量，因為成癮者不再需要賣命推銷毒品給更多人，以支撐自己吸毒的龐大開銷。」

「愈了解販毒集團做生意的方式，就愈會想知道，是否毒品合法化根本不是送給非法集團的禮物，而是販毒集團的終結者。」

根據美國新聞評論網站 Vox 的報導顯示，二〇二〇年十一月三日，奧勒岡州透過選民的投票結果，通過了將包括海洛因和古柯鹼在內的所有毒品合法化的法案，成為美國第一個將「易成癮的烈性毒品」（hard drug）除罪化的州（一九七三年也是全美首次將持有大麻合法化）。從此，擁有少量毒品的奧勒岡居民，將不再面臨入獄服刑的威脅；部分毒品甚至被允許用於治療或純粹出於娛樂目的，例如醫療合法使用的迷幻蘑菇（Magic Mashroom）。

「這相當於從根本上否定了美國現代的反毒戰爭。」

不過所謂的「合法化」，並不表示可以為所欲為。奧勒岡州有但書，攜帶少量毒品而被查獲的人，可以選擇繳交一百美元的罰款，或是到戒毒康復中心加入勒戒計畫；持有超過一定量的海洛因和古柯鹼等更嚴重的毒品仍屬非法，銷售或散發這類毒品也不合法。這個觀點強調的是，毒品合法化關注的是吸毒者，希望提供他們更人道和明智的回應，而不是毒品產業或販毒集團。

臺灣的「三種選擇」

至於臺灣，毒品在不法分子刻意策劃之下，甚至已經侵入了國中小學，「向下扎根」的情況令各界深感憂慮。毒販慣常將毒品製作成軟糖，或者混入即溶咖啡包或茶包，先免費供應給學生們吃，等到這些孩子上癮之後，就吸收成為駐校的毒販「下線」。對於這類四處流竄的毒品，根本抓不勝抓。

臺灣化工煉毒技術聞名國際，其中不乏系出名校碩、博士級的煉毒師，再加上一、二級古柯鹼、海洛因、鴉片及大麻等毒品原生植物，並不適合在臺灣種植，從外國走私進口風險又太高，所以島內盛行的大多以三、四級化學合成毒品為主，像是K他命、安非他命、搖頭丸等。根據食藥署的資料顯示，安非他命的食用人口占最大多數。

臺灣毒梟號稱擁有販毒產業鏈「一條龍」的能力，從製毒、走私、銷售，已經成為亞太地區安毒產業鏈不可或缺的要角。根據《報導者》的報導，二〇一四年初中國廣東省沿海的「製毒村」博社村，遭三千多名警力一舉剿滅後，販毒集團逐漸轉移到三不管地帶緬甸撣邦山區，讓安非他命在亞太地區氾濫的狀況開始失控。而臺灣人在亞太毒品走私鏈角色的提升，也是導因於這個契機。

由於亞太毒品主要產地從中國廣東一舉跳往緬甸撣邦山區，整個產業鏈拉長了超過十倍，立時大大提升了運毒風險；再加上撣邦猶如三不管地帶，煉毒製毒「愛做多少就做多少」。於是毒梟們「想盡辦法提高產量來吸收被抓的風險，這導致近幾年亞洲毒品走私的數量，很快上升到以公噸為單位計算。」

臺灣自二〇一七年推動「新世代反毒策略」以來，在公私部門通力合作之下，不論在毒品查緝量（二〇二〇年約緝獲八一五五・五公斤）或吸毒人口減少（四年約下降了一萬多人）上，都有不少斬獲。不過毒品市場是地表上永遠不會消失的產業，臺灣又在全球供應鏈上占據這麼強大的位置，反毒只要斬草不除根，就會春風吹又生。

據高檢署的資料統計，二〇一六～二〇二一年，追蹤曾施用一、二級毒品的案件，在半年內再犯施用毒品罪的比率二三・九％、一年內再犯的有三四・五％、兩年內再犯達四三・六％、四年以上再犯率甚至趨近一半，高達四九・七％，好像時間拉愈長愈悲觀。那麼臺灣究竟該怎麼打贏這場毒品戰爭？該打擊供給，還是應減除需求，或是選擇休戰就地合法化？這問題恐怕還得經過幾個世代才會找到答案，但誠如林達所抱持的態度，即便此時此刻整個社會還沒有任何明確的答案，但凡只要有任何一丁點可能性可以改變一個人的選擇、讓這世界更好一點，「去做就對了」。

後記

老實服務的人都在 SDGs

基於「行萬里路，勝讀萬卷書」的想法，新北市有機運銷合作社於今年三月十五日，召集了社員及合作社之友近二十位成員，一行人浩浩蕩蕩前往花蓮，展開一趟三天兩夜的有機智慧農業交流訪問。

「新北市有機運銷合作社」可以說是，在余三和主席、陳六合前輩以及我三位創始社員傾洪荒之力，克服各種困難，才終於在二〇一九年十月十八日創社成立。合作社從「文山包種茶」的故鄉坪林出發，攜手新北市各區的有機農友、社員和在地居民，一起投入推廣有機食農教育、友善環境、地方創生、青年就業等議題的合作運動。記得二〇一四年余三和在接受媒體採訪時，一開口便充滿遺憾：「這幾年下來，外表看起來很好，新聞媒體也來採訪，但檢討下來，我們推廣有機是失敗的。」關鍵不在有機茶銷不銷得出去，而是「從我回來做有機七年以來，還沒有農友上門來想要跟我合作一起做有機。」

從那時起又經過五年的努力，我們才終於打破這個「失敗」，跨出與更多農友合作的第一步，這是合作社的使命，也是我們農業創生的目標。希望透過這個運銷的基地，幫助愈來愈多的有機青農堅持走下去；目前我們耕耘的領域包括：坪林、石碇的茶葉，鶯歌、新店的蔬菜，雙溪、貢寮的山藥與稻米。

變身知識農走進田間學習

這已經不是我第一次來到花蓮，記得再上一次，是在我第一本書《公民自習簿》出版隔年的二〇二〇年。當時我帶著出版不久的新書，來到花蓮的臺灣世界展望會「兒少諮詢代表培力計畫」現場，分享參與式預算的經驗與價值。

那一次的讀書會令我印象深刻，兒少代表們果然個個活潑進取，有很強的求知欲，除了現場超乎熱烈的互動，孩子們事後的心得分享，更讓我深覺向下扎根有多重要。

例如有人持續思考：「在聽完解說的同時，我想了想，雖然參與式預算相當親民，但為何我，又或者是我身邊的家人、同學、朋友等，並沒有親自體驗過或者看到政府執行過？是我們沒有積極了解、參與呢？還是政府沒有讓我們有參與式預算的資訊呢？我仍然相當好奇。」

有的人則把課本所教的內容與現實兩相印證：「我在那時特別想要了解參與式預算的本質，以及它應該如何被臺灣的人民所使用；不僅如此，因為最近在準備學測的關係，我對於公民裡的政黨部分也非常有興趣，對此我也提出了問題。」

而這一回，我不再扮演議員或作者的角色，而是化身「知識農」的代表，和同行的青農及社員，一起撩起褲管，走進田間學習。

經驗、驚艷、精宴

這趟行程中，我們分別拜訪了，運用人工智慧AI種植文旦柚的興瑞有機農場。農場第三代游振葦，運用自己學電機的專業，架設了農場客製的「自動灑水系統」；之後再透過縣府輔導，在田間加裝「阿龜微氣候站」及「土壤感測器」。當這三套系統串連起來之後，變成超級完美的田間管理系統，加乘後創造出來的綜效，竟可以使這片砂質農地同期單月分的灌溉水用量，從早期採行淹灌法的五、二六六多公噸，銳減至改採滴灌法的平均約九公噸，不但大幅降低水資源耗費（省下來的水可供三十～四十座農場一個月所需），更讓產量提升了一・二五倍、產值良率提升至九成。

走訪李慶豪、劉慧芸夫婦經營的「四季耕讀農園」，除了分享這一對有著金融與半導體產業背景的青農，是如何與秀明自然農法及花蓮這塊土地相遇的故事外，我們還分享了他們自產自製自銷的芝麻、花生湯圓。那散發自食材天然的香氣與口感，一吃進嘴裡，身體會立刻誠實地告訴自己，那才是食物最樸實無華的美味，讓大家會忍不住還想多嚐兩顆，但只有幸運的人有搶到。由李慶豪分享的開墾故事與農業實務，非常貼近大家的日常，像是土壤改良、選種育種等等，簡報過程不斷被社員的提問打斷，有的人還因為訪團的行程過於緊湊，被小聲提醒「我們晚點再發問，讓主人先講完」。

而參訪茶產業競賽常勝軍的吉林茶園時，我們一夥人真可以用「驚呼連連」來形容：一開始是驚呼，融合客家與阿美族血統的第四代掌門人謝瑋翔，英挺出眾、五官深邃，結果主人還沒開講，有些夥伴已經忍不住挨過去，先拍幾張合照再說；第二次驚呼是，在知道了眼前這位第三屆農委會百大青農的茶農，不僅會彎腰種茶，還是個領有證照的製茶師，同時還斜槓經營咖啡工作室，努力想創造茶與咖啡不一樣的對話，並且對於家鄉的農業、觀光、休閒產業，有著許多不同世代的創新觀點，希望透過導覽、未來甚至可能透過影音平台來傳達與溝通；第三次驚呼則是，謝瑋翔攀高啟動猶如變形金剛的豔紅色「二刀流」採茶機，當機具發出轟隆轟隆的巨大引擎聲，將茶樹頂層的枝葉一一收割時，我們彷彿看見臺灣茶機械化新世代的降臨。

為爭取外銷訂單，引進機械耕作是必要的選擇。

這一趟花蓮的學習之旅，根本像是一連串「經驗、驚艷、精宴」編織而成的行程：豐碩滿滿的經驗交流，驚艷不斷的發現認識；當然，此行更不可少了要細細品嚐花蓮好山好水養出來的好食材，不論大菜小點、每一口的啜飲品茗，都美好得像是天地間為我們精心準備的宴饗。

有機耕作必須產消一體

回程的路上，我要求大家分享此行的心得，或許在經過花蓮行旅的洗禮下，大家顯得特別有感。像是獲選第二屆農委會百大青農的蘇育裕，他與公部門有最多對話的經驗，感觸也最深，這一路他總不吝於一邊夾雜著嬉鬧，一邊與大家交換著嚴正的議題。例如他對近期的茶業管理政策，有諸多的觀察與體認，認為茶農一般對以下兩點有比較多的疑慮：「一是，對茶包內含不同產地原料的標示寬鬆，只以前後順序代表含量多寡（如越南、中國、臺灣），而抹去實際比例；二是罐裝飲料只須改變茶葉的原始型態（如只萃取兒茶素），就可以標示為『臺灣製造』，不論是否確實含有臺灣茶。」

我相信，這些疑慮並非基於反對進口。農民的冀盼其實都很簡單，無非就是期望能在公平的遊戲規則下競爭，透過明確的商品標示，把選擇權交還給消費者。

蘇育裕同時分享了，自己從一級產業升級到二、三級產業的心路歷程。「這類不得不的轉型，有逐漸讓政府看見，由於政策不夠周延，造成百大青農經常陷入目標模糊、無所適從的窘境。雖然政府單位很願意傾聽農民的心聲，但在第一線奮鬥的小農們，我們首先仍舊必須想辦法學會如何自立自強。」所以他特別認同，藉由主題旅行跳開自己熟悉的場域，邊看邊學邊交流，才有機會汲取更多第一手的田間實戰智慧，要轉型或深化，也才整理得出可以轉圜的餘裕與空間。（事後，蘇育裕甚至主動申請了經費，邀請其他縣市的農友，前來新北與當地小農來場「製茶工藝交流」，想要進一步深化農業實務的觀摩與學習。）

另外，「小白」白錦祥則特別提到，由於坪林地處翡翠水庫的上游集水區，投入有機行列的在地農民，大多都本著「種茶／喝茶護水庫」的初衷，而捨棄慣行農法。他由衷地希望，合作社可以透過各種管道與企業單位或消費者溝通，特別是喝翡翠水庫水的大臺北地區，坪林有機耕作需要爭取更多且更深的理解與認同，進而才能給予大家更實質的支持與回饋。

小白的一席感觸，確實給了我們很好的行銷方向；同時也讓我回想起，當初合作社與解癮戒毒協會合作推廣「有綠蛙標章」的坪林有機茶時，林達檢察官和我便是以倡議「買回福爾摩沙」作為初心，推動消費者的參與，讓人與土地生態都能透過消費逐步恢復健康。只不過，有機市場向來經營不易，不論產或銷，都容易遇上規模的瓶頸。這些年來，我們一步一腳印不斷埋頭前行，期盼的正是，每一天都可以在這條路上遇見更多的朋友……

溫柔的反叛：野菜學校

從花蓮有機參訪賦歸之後，日子看似如常運行，除了疫情的起落不時牽動人心之外，心中的那幾顆種子其實每天都不斷在萌芽滋長，彷彿想探頭鑽出土壤突破些什麼，所以腦袋裡的各種點子始終馬不停蹄地轉呀轉。猶如吸引力法則般，這些縈繞心頭的各種念想，竟又讓我遇見野菜學校的陳木城校長。於是，我們又有了新的計畫。

野菜學校的創辦人陳木城校長，辦校經驗非常豐富，幾所大家熟悉的體制外學校：如森林小學、毛毛蟲學苑（信賢種籽學校的前身）、宜蘭兩所公辦民營學校（慈心華德福實驗學校、宜蘭人文國民中小學）、臺北市華文國際實驗教育機構，其實都是出自他的倡議和推動，連康橋國際學校也是他第一個提議創辦，每所學校都緊扣著學生與家長的用心和期盼。陳木城憑藉的其實就是一個信念：不應該每一所學校都一個樣，一股衝勁：教育不改不行，然後就沒有什麼是做不到的。難怪英文名字叫 Woody 的陳木城，在教育圈大家習慣叫他「無敵校長」。

「無敵校長」可不是浪得虛名，陳木城即便在體制內擔任校長時，也不肯只當個乖乖牌。例如在位於貢寮海岸線上、臺灣最東隅的福連國小期間，他便力排眾議，首創極富地方特色的「潛水畢業典禮」，結果這項特色變成福連國小的一項傳統；到了建安國小後，陳木城又投入生態復育，讓一萬隻螢火蟲在校園閃耀飛舞，整個社區也成為螢火蟲社區；很多校長不知道自己學校裡有螢火蟲這回事，他一語道破，「因為他們五點下班，怎麼看得到？」這個教育頑童，只要聽聽蛙鳴，就可以分辨得出是哪一種蛙在叫，他永遠懂得怎麼用不一樣的眼睛看世界、挖掘出環境裡最幽微奇妙的特色，難怪他總能把平淡甚至是劣勢，扭轉成令人驚豔的優勢。

現在陳木城又想搞怪叛逆，他說：「辦野菜學校是溫柔的反叛。」他想讓都市人、年輕人、老年人，不論哪個年齡、不論哪個族群，都可以再次認識土地的美好與價值。大自然其實一直是人類取之不盡的超大冰箱，只是我們遠離它太久了，植物的知識全部遺忘光光。這一回，他希望要「把人帶回自然裡學習」，於是在宜蘭、在花蓮，都出現了野菜學校，要發起了野菜的復興運動。

都市糧農大未來

近期，疫情讓宜、花兩地的野菜學校都暫停了課程活動，晴耕雨讀，回到新北的陳木城潛心讀書研究，於是野菜學校又有了新的發現。未來，規劃中的野菜學校將以不斷深化的方式，劃分成四大階段：推廣試行野菜學校、食農教育館—碧潭野菜園、野菜餐車及野菜特色餐廳、建構野菜實體學校和產業。

很快地隨著疫情趨緩，我們希望能在以新店國小為基地的「食農教育館—碧潭野菜園」，展開野菜復興運動的二・〇版。碧潭野菜園除了傳遞傳統的野菜知識與文化，更將以野菜農法為主軸，借助引進獨特的有機質介質及農業技法，力倡「自己吃的食物自己種」的風潮，推動臺灣的「城市農業運動」。而校址選在碧潭的新店國小，好處是除了交通近便之外，還可以與周邊的和美山環境生態以及碧潭大圳的水文生態串聯起來，構建成更完整的教育現場。

我們想推動的「城市農業運動」，概念與西方倡議的「都市農業」（Urban Agriculture）類似。這個概念最早可以追溯到一八九八年，由英國社會改革家、田園城市運動的創始人埃伯尼澤・霍華德（Ebenezer Howard），在《明日田園城市》（*Garden Cities of tomorrow*，暫譯）一書中所提出。他試圖整合城市和農村的優勢，以解決工業化快速發展的都市問題。

然而現今，全球則在疫情、戰爭、異常氣候、全球通膨等龐大壓力的加速催化下，都市農業儼然已成為部分國家改善糧食供應、糧食獲取以及支持糧食安全的重要戰略。像是美、加、英、法、新加坡、阿拉伯聯合大公國等國家，都已投入大量資金，積極發展都市農業；一般常見的模式有：屋頂菜園、社區菜園和垂直農場、都市食物產業群聚（Metropolitan Food Clusters）等等。而臺灣糧食自給率從一九八五年的五六％，歷經三十五年的倒退後，到二〇二〇年已經僅剩三一％，加上食安問題的憂慮，推動「城市農業」運動，絕對是臺灣社會此刻非常緊要的課題。這是來自於教育溫柔的叛逆，卻意外衍伸出將以農業翻轉城市的變革。

現今的景況雖然說不上「百廢待舉」，但對於這個社會，總感到有許多努力還沒能去一一嘗試、許多困難還沒能去關關克服。不過令人欣慰的是，這些年來，我深深體會到，做得愈多、走得愈遠，就會遇見愈多的「老實服務」；且非常明顯的是，大家真的就是不約而同地，都走在 SDGs 的這條道路上。足見，即便我們不以地球生態的大角度去思考及實踐 SDGs，單純只以島國／社區生存環境的小角度去理解及實踐，現代人都已經和 SDGs 緊緊聯繫在一起了，不論是轉瞬的當下，或是渺遠的未來。

HIVER 01

老實服務

從實驗教育到司法改革，在不同「地方」看見不同「創生」，捍衛「真義信仰」的價值！

作　　者　陳儀君
撰　　文　陳翠蘭
責任編輯　禾禾文化
封面設計　比比司
排　　版　菩薩蠻數位文化有限公司
行銷業務　平蘆

出　　版　禾禾文化工作室
社　　長　鄭美連
發　　行　禾禾文化工作室
地　　址　台北市北投區中央南路二段 28 號 5 樓之一
電　　話　(02)28836670
E m a i l　culturehoho@gmail.com
總 經 銷　大和書報圖書股份有限公司

印　　製　呈靖彩印股份有限公司
一版一刷　2022 年 9 月
定　　價　330 元

國家圖書館出版品預行編目（CIP）資料

老實服務：從實驗教育到司法改革,在不同「地方」看見不同「創生」,捍衛「真義信仰」的價值!/陳儀君作；陳翠蘭撰文. -- 一版. -- 臺北市：禾禾文化工作室, 2022.09
　面；　公分. -- (Hiver ; 1)
ISBN　978-986-06593-8-2（平裝）
1.CST: 公共服務 2.CST: 公共行政 3.CST: 文集
575.107　　111012837